El libro de las trenzas

60 peinados para lucir trenzas espectaculares

Abby Smith

Traducción de
Sonia Tanco

Kitsune Books

Primera edición: septiembre de 2017

Diseño de cubierta: Ashley Prine y Taller de los Libros

Publicado por Kitsune Books
C/ Mallorca, 303, 2º 1ª
08037 Barcelona
info@ozeditorial.com
www.ozeditorial.com

ISBN: 978-84-16788-14-9
IBIC: WJH
Depósito Legal: B 21619-2017
Preimpresión: Ashley Prine y Taller de los Libros
Impresión y encuadernación: Gráficas Cems
Impreso en España – *Printed in Spain*

Índice

Índice

Trenza francesa básica, pág. 28

Trenza de cuerda, pág. 30

Trenza alternativa, pág. 31

Trenza bohemia en cascada, pág. 32

Trenza de corona bohemia, pág. 34

Trenza de media corona, pág. 36

Cola de caballo trenzada, pág. 37

Trenza de escalera china, pág. 38

Moño alto de trenza francesa, pág. 40

Trenza en cascada, pág. 42

Trenza doble, pág. 44

Trenza de lechera, pág. 46

Trenza holandesa de raíz, pág. 48

Trenza cosida, pág. 50

Diadema de trenza holandesa, pág. 52

Trenza holandesa de lado, pág. 53

Trenza de princesa, pág. 54

Trenza holandesa doble, pág. 56

Trenza de espiga de lado, pág. 58

Trenza de espiga de raíz, pág. 60

Peinado de alfombra roja, pág. 62

Trenza de lado elegante, pág. 64

Trenza de espiga en media coleta, pág. 66

Moño de trenza de espiga, pág. 68

Moño de espiga de lado, pág. 70

Cola de caballo cruzada, pág. 72

Coleta formal, pág. 73

Cola de caballo en cascada, pág. 74

La coleta perfecta, pág. 76

Moño chignon retorcido, pág. 78

Recogido retorcido, pág. 80

Recogido en cascada, pág. 82

Recogido bohemio retorcido, pág. 84

Recogido sencillo con diadema, pág. 86

Semirrecogido cruzado, pág. 88

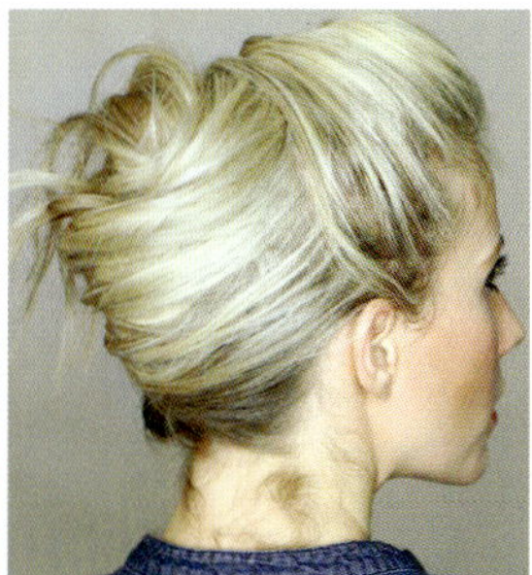

Retorcido francés cruzado, pág. 90

Moño despeinado, pág. 92

Tres moños en uno, pág. 94

Moño de trenza francesa, pág. 96

Tupé de trenza francesa, pág. 97

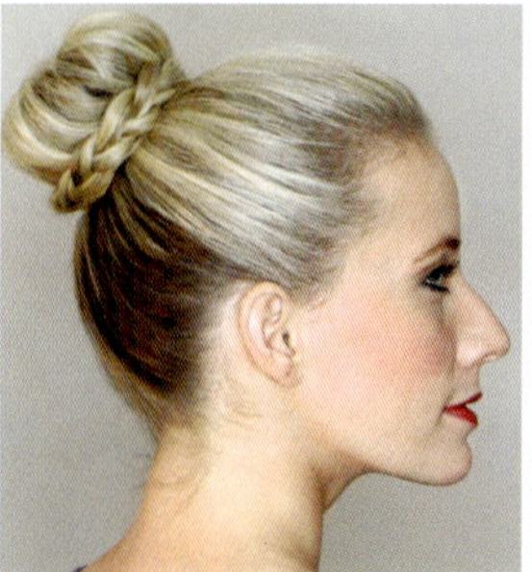

Moño de bailarina, pág. 98

Moño de trenza de cuerda, pág. 100

Flequillo anudado, pág. 102

Recogido en forma de lazo, pág. 103

Recogido anudado, pág. 104

Nudo celta, pág. 106

Semirrecogido con lazo, pág. 108

Halo retorcido, pág. 110

Retorcido en cascada,
pág. 112

Flor en cascada,
pág. 114

Cola con retorcido
bohemio, pág. 116

Semirrecogido
retorcido, pág. 118

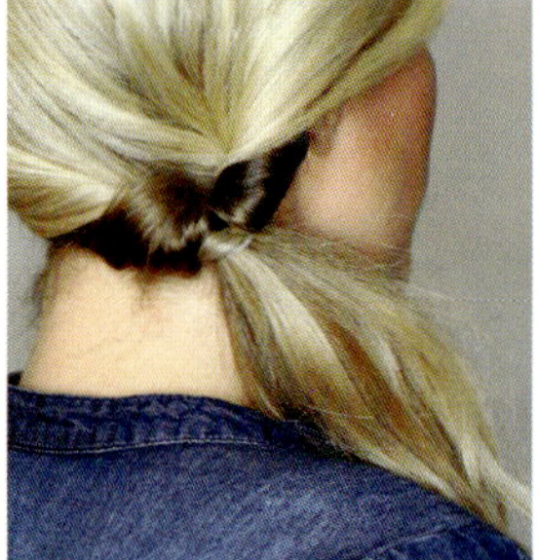

Coleta invertida
sencilla, pág. 120

Falsa trenza de espiga
invertida, pág. 121

Trenza holandesa
invertida, pág. 122

Moño chignon
invertido, pág. 124

Coletas invertidas,
pág. 126

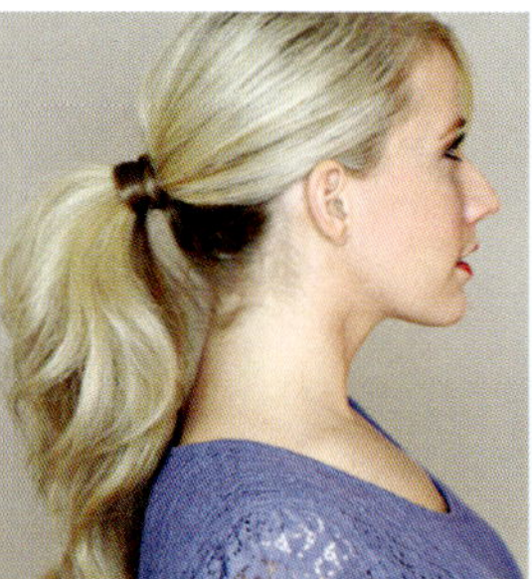

Coleta enrollada,
pág. 128

Moño despeinado
invertido, pág. 130

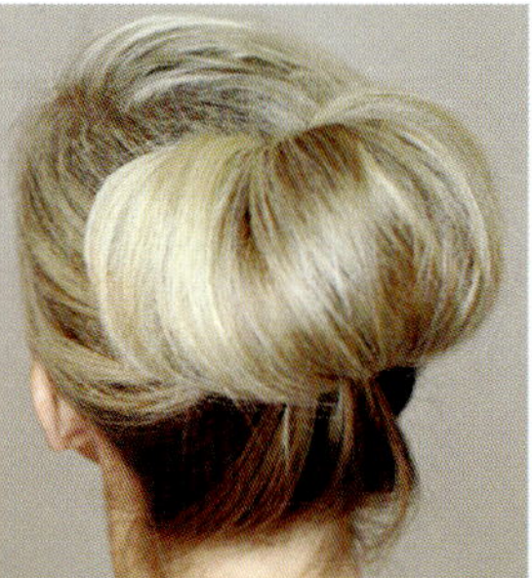

Moño alto invertido,
pág. 131

Aspectos básicos

Empecemos por el principio: me llamo Abby y soy una chica normal y corriente. Tengo cuatro hijos adorables, me encanta comer caramelos de menta y chocolate con las palomitas y estoy un poco obsesionada con la moda y la belleza. Si me hubieras conocido hace unos años, te habrías encontrado con una persona completamente distinta: el pelo me llegaba a los hombros y no sabía arreglármelo, no tenía ni idea de cómo se hacía una trenza francesa y los únicos rizos que sabía hacerme eran unos feos tirabuzones que se deshacían enseguida.

Estaba harta de no saber peinarme, así que un día decidí que aprendería por mi cuenta todo lo que pudiera sobre cómo arreglarme el pelo. Recuerdo haber pasado horas frente al espejo del baño intentando aprender a hacer trenzas sencillas. Aprovechaba cualquier oportunidad para experimentar con el pelo: ya fuera mientras veía la televisión o en los trayectos en coche, siempre me hacía trenzas e intentaba memorizar diferentes peinados.

Este libro es la prueba de que si yo he podido hacerlo, tú también. En mi opinión, saber arreglarse el pelo no es un talento, sino una habilidad que se puede aprender y mejorar mediante la práctica. No soy peluquera, ni afirmo serlo. Solo soy una chica apasionada con todo lo que tenga que ver con el cabello. Espero que este libro te inspire a aprender y a mejorar, como me ocurrió a mí, pero sobre todo espero que te ayude a renovar la confianza y a quererte a ti misma y a tu pelo.

Una vez aprendas a hacer estos peinados y empieces a lucirlos, te prometo que te sentirás de maravilla. La gente empezará a notar lo guapa que estás, no solo porque tu pelo esté impecable, que, por cierto, lo estará, sino porque caminarás con la cabeza bien alta. Así que adelante, a aprender nuevos peinados porque ¿quién sabe? ¡Puede que te cambien la vida!

Un par de cosas que deberías saber sobre mí

Sé lo que se siente al tener un pelo apagado que se niega a crecer. Tenía las puntas abiertas y ninguna esperanza de conseguir el pelo largo y sano que tanto deseaba. Así que comencé a hacer preguntas y a hablar con varios estilistas. Sus consejos fueron de un valor incalculable: compré nuevos productos y empecé a cuidarme el cabello de otra manera. En un par de años, el pelo pasó de llegarme a la altura de los hombros a llegarme hasta la mitad de la espalda. Pasó de estar estropeado y apagado a ser brillante, grueso y fuerte. Era precioso y yo lo mimaba a conciencia.

Hace más de un año decidí hacerme un degradado, pero volver a mi rubio natural fue una pesadilla. Durante meses, no solo tuve el pelo de color naranja brillante, ¡sino que además lo tenía completamente estropeado! ¡Ahhh! ¿Alguna de vosotras se siente identificada? No hay peor sensación que avergonzarte de tu pelo. ¡Eso sí que puede ser un duro golpe para la autoestima! Nos guste o no, el pelo es uno de los rasgos que más llama la atención de nuestro aspecto. Me gustaría que no fuera importante a la hora de sentirnos bien con nosotros mismos, pero lo es.

El motivo por el que te he contado todo esto es para que sepas que, aunque ahora mismo no tengas el pelo precioso, es algo que puedes conseguir. ¡Y es algo por lo que debes esforzarte! Si tienes paciencia, utilizas los productos adecuados y te cuidas el pelo como debes, al final se acabará convirtiendo en tu accesorio favorito.

Pero, Abby, ¿cómo consigo tener un pelo tan precioso como el del que hablas?

Oh, ¡me alegra que me hagas esa pregunta!

Cuidados básicos del cabello

Cuándo lavárselo

Hablemos del lavado. ¿Cada cuánto te lavas el pelo? Si te lo lavas cada día, prueba a lavártelo cada dos días. Si te lo lavas cada dos días, prueba a lavártelo cada tres. Yo me lavo el pelo dos veces por semana, ¡y te prometo que no se nota! Tienes que reducir el número de veces que te lavas el pelo, te diré por qué: los aceites naturales del cabello son hidratantes y son mucho más beneficiosos que cualquier producto. El problema de estos aceites es que provocan que el pelo se vea, se note y huela a sucio. Por suerte, podemos conseguir que el cuero cabelludo produzca menos aceite: todo depende de la oferta y la demanda. Cuanto más nos lavemos el pelo y eliminemos esos aceites naturales, más aceite producirá el cuero cabelludo y, cuanto menos nos lo lavemos, menos aceite producirá. Es algo que debe entrenarse, no puedes pasar de lavarte el pelo cada día a lavártelo solo una vez por semana: ¡sería asqueroso! Es un proceso que debe hacerse de forma gradual. Además de tener el cabello más sano, ¡tendrás mucho más tiempo por las mañanas para probar los peinados increíbles que verás a continuación!

Champú en seco

Utiliza champú en seco. Parece un bote de laca pero funciona de manera totalmente distinta. Cuando te lo aplicas en la raíz del pelo, el champú en seco absorbe el exceso de aceite. Es una forma rápida y sencilla de tener el pelo limpio y fresco sin tener que lavártelo. El champú en seco hará que el pelo te dure limpio un día más, ¡o tres días más, si eres como yo! Además, el champú en seco no solo sirve para refrescar el pelo, sino que también ayuda a disimular las cutículas dañadas y da textura y volumen al cabello sin vida.

Si quieres hacerte algún peinado y tienes el pelo fino o limpio, puedes aplicarte un poco de champú en seco por todo el cabello para darle textura y firmeza. Es muy útil para llevar a cabo los peinados que se enseñan en este libro, ya que muchos de ellos se realizaron al segundo, tercer o cuarto día de lavarse el pelo. ¡No me juzguéis! Peinarse con el pelo limpio puede ser difícil, el pelo se maneja mucho mejor cuando está sucio. ¡Yo no he escrito las reglas!

Champú y acondicionador

Vamos a ver, de momento sabes cuándo tienes que lavarte el pelo y qué debes hacer entre lavados. Así que, cuando por fin tengas que hacerlo, ¿es importante saber qué productos utilizar? Voy a adelantarme en este aspecto y a decirte que sí. Si de verdad quieres tener el pelo sano, no hace falta que te gastes un ojo de la cara en un champú y un acondicionador de calidad, aunque sí debes saber qué ingredientes contiene cada producto: necesitas champús y acondicionadores sin sulfatos ni parabenos.

Los sulfatos son los ingredientes del champú que hacen que haga espuma. Hacen todo el trabajo por ti: eliminan los productos que hayas podido utilizar en el pelo, pero también eliminan los aceites naturales del cuero cabelludo. Si usas un champú barato, lo único que conseguirás es dañarte más el pelo. Cuando empieces a usar un champú sin sulfatos, notarás que tendrás que frotar un poco más para tener el pelo limpio. Masajea las raíces y desenrédate el pelo con los dedos poco a poco: tu esfuerzo dará resultados.

Si te tiñes el pelo, tendrás que usar un champú y acondicionador que también prevengan que el tinte se descolore. No tiene sentido gastarse una fortuna en la peluquería y después utilizar productos para el pelo que te estropeen el tinte en casa. Si eres rubia y quieres darle luminosidad al pelo o decolorar un tono brillante, usa un champú y/o acondicionador morado. Estos productos le devolverán la vida a tu pelo gracias a que distribuyen pigmentos morados y contrarrestan los tonos brillantes y amarillentos. Para ver reseñas actualizadas de mis productos favoritos, visita mi página web: www.twistmepretty.com.

Puntas abiertas

¿Qué causa su aparición? ¿Cómo puedes prevenirlas? El calor es el causante de la mayoría de las puntas abiertas. Uno de los motivos por los que recomiendo lavarse el pelo solo un par de veces por semana es porque cuanto más nos lavamos el pelo, más nos vemos obligados a quemarlo. El secador, la plancha, las tenacillas… todo lo que hace que el pelo esté espectacular es también lo que más lo estropea. El calor de estos utensilios debilita y destruye proteínas vitales del pelo y reduce la producción de aceites naturales. Si te lavas menos el pelo, evitas tener que secártelo con el secador y si aprendes a hacerte nuevos peinados, evitas tener que alisártelo o rizártelo cada día.

Otros motivos por los que pueden aparecer las puntas abiertas incluyen peinarse y tocarse el pelo en exceso, una mala alimentación y, lo creas o no, secárselo con una toalla. Cuando está mojado, el pelo es mucho más vulnerable, así que hay que cepillarlo y secarlo con delicadeza. En lugar de secarnos el pelo boca abajo y a conciencia, tenemos que secarlo con suavidad o escurrirlo.

Asegúrate de utilizar un protector térmico en forma de sérum, espray, espuma o crema antes de someter el pelo a las altas temperaturas procedentes de planchas y secadores. Los protectores térmicos no solo protegen el cabello de los daños producidos por los utensilios de peinado con calor, sino que además la mayoría protege también contra los rayos ultravioleta y previenen la pérdida de color y el encrespamiento causados por el sol. Además, la mayoría de los productos térmicos hidratarán y le darán fuerza al pelo a la vez que le otorgarán brillo. ¡Saldrás ganando!

Cortes de pelo

¿Cada cuánto tiempo deberíamos cortarnos el pelo? Ten en cuenta que no soy peluquera, así que es mejor no tomarse mis recomendaciones al pie de la letra. Mi consejo es que lo consultes con un estilista y que especifiques claramente lo que quieres conseguir. Yo he tenido la suerte de tener peluqueros extraordinarios que han cuidado de mi pelo, que me han dado consejos muy útiles y en los que he confiado, aunque también he ido a peluquerías en las que me han dañado el pelo. ¡No pasa nada por dudar de tus peluqueros! Infórmate respecto a lo que quieres y no tengas miedo de hablar con ellos y compartir tus puntos de vista.

Saber cada cuánto debemos cortarnos el pelo depende mucho de tus objetivos y de los procesos químicos a los que expongas el pelo a diario. Si tienes el pelo largo, para que esté sano deberás cortártelo cada 12 o 15 semanas, ya que el pelo largo es susceptible de romperse y con el tiempo puede acabar teniendo una apariencia áspera y débil. Si te lo cortas regularmente, tendrás el pelo fuerte y sano. Por lo general, estas reglas se aplican también a los que tengan el pelo corto o media melena y quieran dejarla crecer. Es importante cortarte el pelo en intervalos de entre 12 y 15 semanas para tener el pelo sano y mantener a raya las puntas abiertas. Si el peluquero te dice que vuelvas a cortarte el pelo en seis semanas... bueno, tú decides. Si en seis semanas tienes el pelo bien, puedes saltarte el corte de pelo y esperar un poco más.

Si te tiñes el pelo, te haces mechas, la permanente o te alisas el pelo con productos químicos, es posible que necesites cortarte el pelo con más frecuencia. Si tienes el pelo muy seco o se te rompe, cortarlo más a menudo puede prevenir que se te seque más de la cuenta o evitar más daños. Recuerda que los buenos peluqueros están ahí para ayudarte y estarán encantados de hablar contigo y asesorarte. No tengas miedo de decirles lo que quieres y cuáles son tus objetivos a largo plazo.

Tipos de cabello

Existen cuatro tipos de cabello: lacio, ondulado, rizado y muy rizado. Aunque es muy importante saber qué tipo de pelo tienes, creo que es mucho más importante saber qué textura y grosor tiene tu pelo. Antes de empezar a hacerte alguno de los peinados, es crucial que sepas si tienes el pelo fino, grueso o si se trata de un término medio. Nuestro objetivo es trabajar con nuestro pelo, no luchar contra él.

Cabello fino

Si tienes el pelo fino, eso quiere decir que tienes poca cantidad de pelo. Por lo general, eso no significa que no tengas el pelo grueso, aunque a veces sea así. Se considera que tienes el pelo fino si los rizos se te deshacen enseguida, si se te rompe con facilidad, si tiene tendencia a apelmazarse o si tiene poco volumen. Aunque tener el pelo fino a veces puede ser una pesadilla, ¡es el tipo de pelo que puede transformarse más radicalmente!!

Cuidados del cabello fino

- Es muy común que la gente que tiene el cabello fino lo tenga graso y puede que deban lavárselo más a menudo que los que tienen el cabello grueso. Si es posible, lávatelo cada dos o tres días, porque como ya hemos comentado anteriormente, lavárselo con frecuencia puede dañarlo.

- Aplica el acondicionador solo en las puntas. Si te aplicas acondicionador en el cuero cabelludo, tu pelo parecerá débil y sin vida.

- Cuando está mojado, el cabello fino es muy débil y puede dañarse con facilidad. Cuando salgas de la ducha, evita secarlo o peinarlo con fuerza e intenta no hacerte peinados inmediatamente después, ya que podrías dañarlo.

- Para darle volumen, utiliza espuma y un cepillo redondo en las raíces cuando te seques el pelo con secador.

- Utiliza un champú y acondicionador que le den volumen a tu cabello, además de una mascarilla, sérum o espray de volumen. Puedes preguntarle al peluquero qué productos son los más adecuados para ti o preguntar en una droguería. O en un centro de estética, pero nunca en un supermercado.

peinados queden mejor, recomiendo hacer lo siguiente:

- Antes de empezar, aplícate champú en seco por todo el pelo. El champú en seco le dará textura y sujeción al pelo y ayudará a que las horquillas y las trenzas no se caigan. Asimismo, le dará volumen sin darle un tono mate o sin apelmazarlo.

- Cárdate las raíces para darle al pelo el volumen y la textura que necesita. Hazlo despacio y con cuidado para evitar que se rompa.

- Utiliza productos ligeros y evita aquellos que aplastan el pelo, como las pomadas fijadoras y los geles.

- Siempre que sea posible, empieza los peinados con el pelo ondulado o rizado: el pelo tendrá más textura y los peinados más volumen. Puedes dormir con una trenza suelta o usar rulos de velcro para evitar utilizar utensilios de calor.

- Fija cada peinado con la laca Volume Spray 25 de la marca Kenra, es la mejor laca que he encontrado en el mercado.

Peinar el cabello fino

Hazte un corte de pelo escalonado: lo que quieres es evitar que se te vea el pelo aplastado y con un corte de pelo a capas parecerá que tu cabello tiene más volumen. Los peinados de este libro pueden realizarse si tienes el pelo escalonado, pero asegúrate de que cuando sobresalgan los mechones parezca intencionado. Para que los

Cabello grueso

Si tienes el pelo grueso, tus mechones son los que tienen más grosor de diámetro. ¡Son unos supermechones! En general, el pelo grueso tarda más en secarse que el fino. Es probable que tengas el pelo reseco, aunque es un tipo de pelo que tolera mejor el calor y que se rompe menos.

Cuidados del pelo grueso

- Evita lavarte el pelo más de tres veces a la semana: deja que los aceites naturales suavicen e hidraten el pelo.

- Muchas veces, el cabello grueso puede carecer de brillo, pero añadir a tu rutina un sérum le devolverá la luminosidad.

- No utilices productos ligeros. Debes utilizar productos firmes, como geles, lacas y pomadas fijadoras que le den resistencia al pelo.

- Es muy importante aplicar un tratamiento acondicionador una vez por semana para combatir la sequedad del pelo.

- Antes de salir de la ducha, enjuágate el pelo con agua fría: se cerrarán las cutículas y te ayudará a conservar la hidratación y el color del pelo.

Peinar el cabello grueso

- Si tienes el pelo encrespado y rebelde, utiliza un sérum contra el encrespamiento. Puedes encontrar sérums que protegen el pelo contra el calor, le dan brillo y eliminan el encrespamiento, así las trenzas y los retorcidos quedarán más bonitos y bien hechos.

- Si tienes el cabello muy grueso, tendrás que cardarte las raíces y fijar el pelo con laca. ¡Tener el pelo grueso no evita que se te vea aplastado!

- Es indispensable que utilices horquillas extra grandes: sostienen mucho mejor el cabello y son más fuertes, así las trenzas y los recogidos se sujetarán mejor.

- En lugar de utilizar muchas horquillas en una sección de pelo, haz las secciones más pequeñas y utiliza menos horquillas.

- Si tienes el pelo muy grueso, los recogidos y las trenzas tendrán más volumen que los míos. En la mayoría de los casos, ¡lo agradecerás! Sin embargo, si no quieres que sea así, haz las trenzas y los retorcidos más apretados.

Terminología y utensilios

Utensilios y accesorios que se utilizan con frecuencia a lo largo del libro:

- Pinzas separadoras de metal
- Pinzas
- Horquillas (pequeñas y grandes)
- Gomas elásticas transparentes
- Tenacillas de 2,5 cm de diámetro
- Plancha del pelo de 2,5 cm de grosor
- Cepillo de cardado
- Aguja Topsy Tail

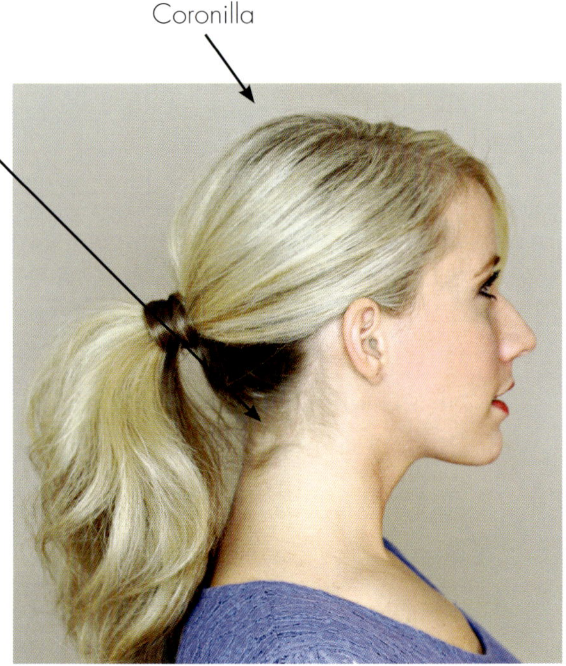

Tenacillas de 2,5 cm de diámetro

Plancha del pelo de 2,5 cm de grosor

Pinzas separadoras de metal

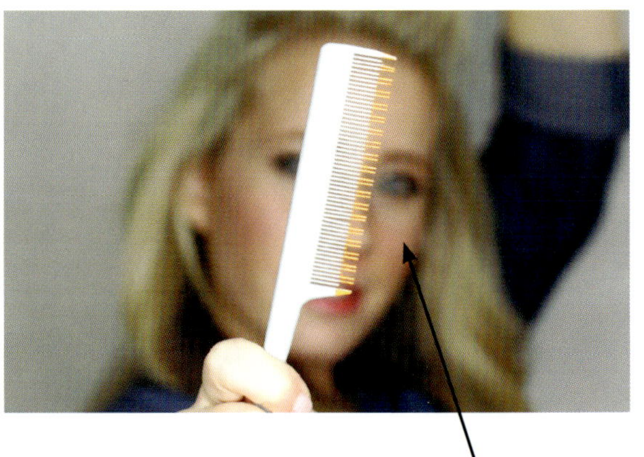

Cepillo de cardado

Técnicas básicas

Cardado

Antes de empezar cualquier peinado, me cardo el pelo. Supone una gran diferencia en cuanto al volumen y le da fijación y textura al pelo para que muchos de los peinados aguanten. Es muy importante, por favor, ¡no te saltes este paso! Para hacerlo sirve cualquier tipo de peine; a mí me gusta utilizar el clásico peine de cardado o un cepillo de cerdas de jabalí. Puedes comprar cualquiera de los dos en la mayoría de supermercados y tiendas de belleza.

1. Separa la sección de cabello que quieras cardar. Yo suelo empezar por la parte de atrás y avanzo hasta llegar a la frente. Coloca el cepillo a unos 10 centímetros del cuero cabelludo y después deslízalo en dirección contraria a la del pelo para crear una serie de nudos y enredos.

2. A continuación, aplícate tu laca favorita en los enredos. La mía es la laca de acabado 25 de Kenra.

3. Con el peine, deshaz con suavidad los enredos que más se noten. Ten cuidado de no deshacer todos los enredos que has creado, peina solo los que se vean desde la parte superior del cabello.

4. Sigue cardando hasta que llegues a la frente y deshaz con el peine los nudos que más se noten.

Hay una línea muy delgada entre cardar el pelo lo justo y cardarlo demasiado. Tu objetivo es darle un poco de volumen y textura; la forma del rostro y el peinado tienen que parecer naturales. Los enredos no deben verse desde la parte exterior del pelo: incluso si terminas deshaciendo la mayoría de los enredos, haberte despeinado y puesto laca en las raíces marcará la diferencia.

Secado del pelo

Existen muchas formas de secarse el pelo, y esta es la que me va mejor a mí. No me gusta secarme el pelo boca abajo, porque mi pelo produce más electricidad estática cuando lo hago de esa manera. Antes de empezar a secarte el pelo con el secador, sécalo con una toalla, péinalo y aplica, si lo necesitas, un protector o un espray potenciador de volumen.

1. Empieza a secarte el pelo por el flequillo. Si tienes el flequillo de lado, sécalo hacia el lado contrario al que cae para conseguir el flequillo con volumen perfecto.

2. Una vez tienes el flequillo completamente seco, seca el resto de las raíces.

3. A continuación, con un cepillo plano o un cepillo redondo, como prefieras, cepilla el resto del pelo mientras te lo secas.

Es muy importante secarse bien el pelo: trata de que se quede lo más suave posible e intenta no tener que retocarlo después con la plancha, ya que el calor directo será mucho más dañino para el pelo.

Dar volumen a una trenza

Es una técnica que usaré a menudo y que consiste básicamente en abrir y separar los mechones de la trenza. Mediante este método, las trenzas tendrán más volumen y con eso conseguiremos dar textura al cabello.

Hacerse un semirrecogido sencillo y sujetarlo con horquillas

Esta técnica se utiliza a lo largo de todo el libro. Consiste en girar el pelo sobre sí mismo y fijar los mechones con horquillas. Empecé el peinado ondulándome el pelo con unas tenacillas de 2,5 centímetros de diámetro (consulta las páginas 22-23).

1. Carda las raíces y cepilla el pelo para deshacer los enredos. Con los índices, separa las primeras capas de pelo sin estirar demasiado de los mechones. Es muy importante que separes solo las primeras capas, sino las horquillas no lo sujetarán.

2–5. Debes retorcer el pelo sobre sí mismo. Sujétalo con la mano dominante y dóblalo sobre sí mismo con la otra.

6. Sujeta el pelo con la mano no dominante para que no se suelte, abre la horquilla con la parte plana hacia arriba y deslízala en el pelo. Solo tienes que fijar los mechones de la parte exterior del retorcido, ya que son la base del peinado y los que lo mantienen en su sitio.

Consejo

Si con una horquilla no te basta para sujetar bien el peinado, puedes usar una o dos más. Antes de usar otra horquilla, me gusta añadir un poco más de pelo de los laterales al peinado. Si las horquillas no aguantan, asegúrate de que sean fuertes y ten cuidado de no estar recogiendo demasiado pelo. Recuerda que solo tienes que sujetar las primeras capas.

Utiliza horquillas de buena calidad, ¡son las que marcan la diferencia! Yo las compro en tiendas de belleza y son extra fuertes. Sujetan el pelo mucho mejor que las baratas y nunca se me ha roto ninguna. Así que antes de frustrarte contigo misma por no ser capaz de fijar bien un peinado, ¡procura que las horquillas que usas sean las adecuadas!

Tupé básico

El tupé es el peinado indicado para esos días en los que has dejado que se te seque el pelo al aire libre o cuando el pelo carece de volumen. Realza los ojos y te hace parecer más alerta. Empecé este peinado con los rizos que me quedaron al haberme rizado el pelo con tenacillas unos días antes (consulta las páginas 22-23).

1. Usando el arco exterior de la ceja como referencia, separa las primeras capas de pelo con cuidado de no separar toda la sección, solo las capas de arriba.

2. Para cardarme el pelo, yo utilizo un cepillo de cardado de los de toda la vida.

3. Con el cepillo, carda las raíces deslizando el peine hacia el cuero cabelludo. Después, con los dedos, deshaz los enredos que más se noten, con cuidado de no estropear el volumen que hemos conseguido.

4. Sin estirar demasiado de los mechones, recoge la sección de pelo que has cardado hacia atrás y retuércela en el punto en el que quieras sujetar el peinado. Fíjalo con una horquilla o dos. Si te es más fácil, puedes utilizar dos horquillas y entrecruzarlas en el centro del retorcido. A continuación, carda los laterales y la parte posterior para darle un poco más de volumen.

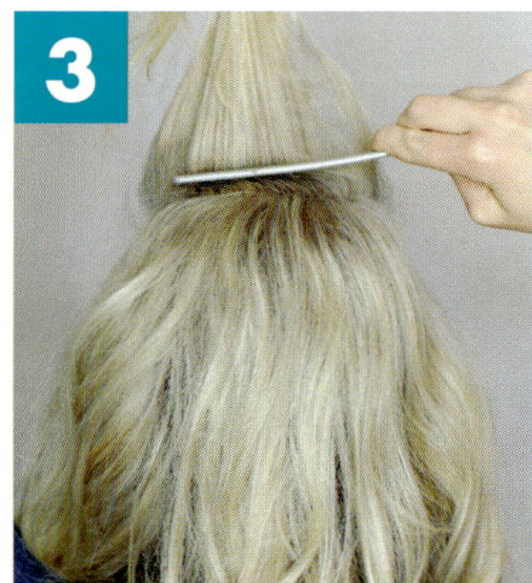

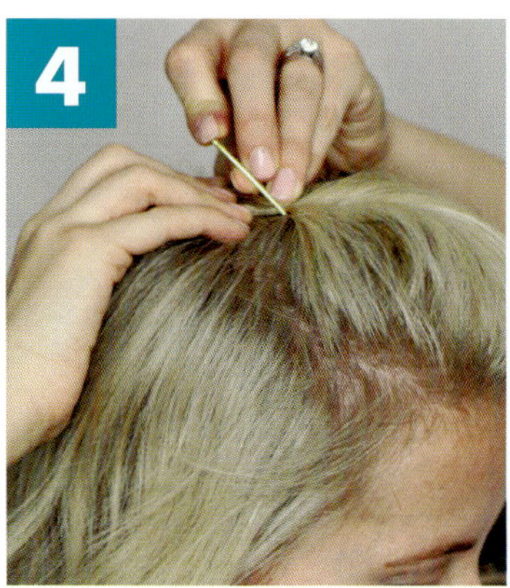

Ondas surferas

1. Sujeta las capas superiores del pelo con cualquier tipo de pinza.

2. Divide las capas inferiores en varias secciones. Separa una de las secciones y retuércela en dirección contraria a la cara. Pasa la plancha del pelo por el retorcido para alisarlo un poco. Cuanto más apretado sea el retorcido, más pequeñas serán las ondas. Si quieres que las ondas queden tan sueltas como las mías, plancha los retorcidos hasta que queden prácticamente lisos.

3. Con pinzas separadoras de metal, sujeta los retorcidos al cuero cabelludo por los extremos.

4. Retuerce otros mechones y alísalos con la plancha. Una vez hayas retorcido todo el pelo, deja que los retorcidos tomen forma. Cuanto más rato los dejes sujetos, más durarán las ondas. Te recomiendo que mantengas los retorcidos como mínimo diez minutos: puedes terminar de maquillarte y lavar los platos.

5. Ve quitando las pinzas una a una.

6. Pásate los dedos por el pelo para deshacer los retorcidos.

7. Continúa hasta que los retorcidos queden sueltos pero sin que hayan desaparecido del todo.

Consejo

Para darle un toque final al peinado, puedes utilizar un espray de ondas surferas. Le dará textura, cuerpo y volumen al cabello y acentuará las ondas. Lo mejor de este peinado es que consigues la textura perfecta para hacerte un moño despeinado o para empezar cualquier tipo de trenza.

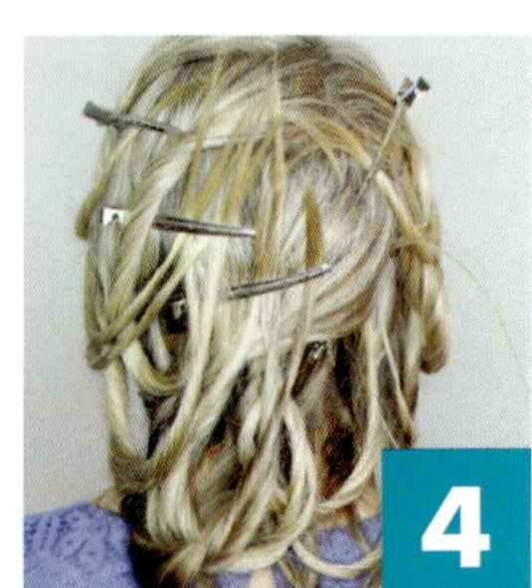

Rizos con tenacillas

Esta es una de las formas más sencillas de rizarte el pelo. ¡No hay forma de equivocarse! Puedes rizar todo el pelo en menos de diez minutos. Necesitarás unas tenacillas de 2,5 centímetros de diámetro y un buen protector térmico.

1. Divide el pelo en dos secciones a la altura de las orejas y aplica un protector térmico en la sección inferior.

2. Divide el pelo en mechones de 2,5 a 5 centímetros, según la textura de tu cabello, y enrolla cada mechón en la tenacilla en dirección contraria a la cara. Sujeta las puntas de cada mechón para no enrollarlas en las tenacillas.

3. Enrolla y riza todos los mechones.

4. Puedes alternar la dirección de los rizos, pero los mechones que enmarcan el rostro deben enrollarse siempre en dirección contraria a la cara.

5. Ve soltando las capas del pelo que tienes recogidas con la pinza y sigue rizándolo.

6. Recuerda que los mechones más cercanos al rostro deben enrollarse en dirección contraria.

7. Cuando llegues al flequillo, utiliza unas tenacillas de 2,5 centímetros o más de diámetro para hacer un rizo suelto. Mis tenacillas son de unos 2,75 centímetros de diámetro.

8. Cepilla los rizos con cuidado para que queden más sueltos.

9. Es muy importante que planches las puntas del cabello para determinar la forma en que caerán los rizos. No es necesario que te rices las puntas del pelo con las tenacillas, pero si tienes las puntas encrespadas es muy probable que debas plancharlas.

Consejo

Si quieres que los rizos queden más sueltos, no hace falta que te compres las tenacillas con el diámetro más ancho que encuentres. Prueba a despeinar un poco los rizos con un cepillo plano. Estos rizos quedan especialmente bonitos al tercer o cuarto día de lavarse el pelo, ya que conforme se despeinan quedan unas ondas muy bonitas que no se deshacen.

Rizos con la plancha

Esta es la forma más sencilla de rizarse el pelo con una plancha.

1. Divide el pelo en dos secciones a la altura de las orejas.

2. Separa un mechón desde detrás de la oreja. Sujeta la plancha con los nudillos apuntando hacia abajo o hacia afuera. Empieza a planchar el pelo desde la raíz.

3. Rota la muñeca lentamente, mientras deslizas la plancha por el mechón, hasta que los nudillos apunten hacia arriba o queden al lado de la cara. Todo se basa en el movimiento de la muñeca.

4. Repite los pasos: divide las capas del pelo en pequeños mechones y plánchalo desde las raíces. Recuerda empezar el proceso con los nudillos apuntando hacia abajo, después gira la muñeca hasta que los nudillos te queden cerca de la cara y desliza la plancha por el pelo.

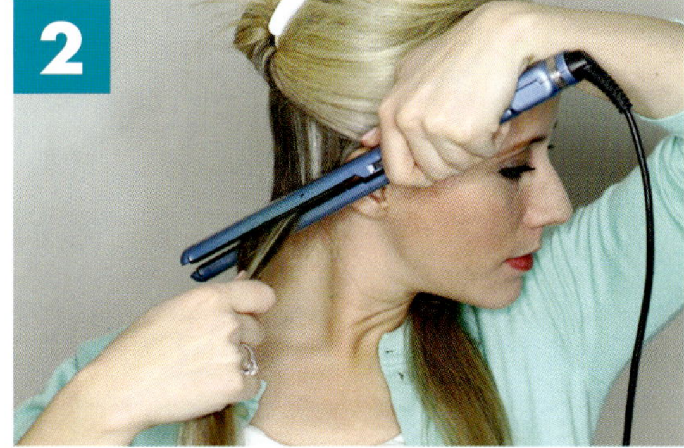

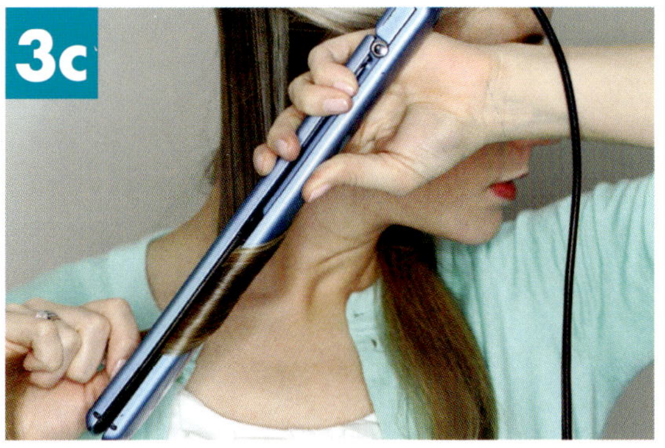

Consejo

A mí me gusta dividir el pelo en tres capas: una primera capa a la altura de las orejas, una segunda en las sienes y una tercera capa en la parte de arriba de la cabeza. En cada capa separo el pelo en tres o cuatro mechones para rizarlo. Para terminar, paso los dedos por los rizos para romper los que puedan haber quedado unidos, me cardo las raíces del pelo y me aplico un espray texturizador y/o laca.

Los peinados

Trenzas

Los peinados de este apartado son los que debes aprender antes de pasar a realizar otros más avanzados. Estas trenzas y retorcidos se utilizarán como base en otros peinados, saltárselos sería como saltarse las tablas de multiplicar y pasar directamente al álgebra… ¿verdad que no lo harías? Si te aprendes estos peinados básicos, el resto del libro te parecerá pan comido. Te aconsejo que al principio no intentes hacerlos mirándote al espejo, sino que practiques mirando las fotos de cómo se hacen paso a paso. Una vez te los sepas de memoria, ¡enséñamelos! Me encantaría ver cómo dominas los básicos y también los otros peinados que aparecen en el libro. Mándame fotos de los peinados a @twistmepretty o usando el *hashtag* #ellibrodelastrenzas, ya que son algunos de mis peinados favoritos.

Trenza francesa básica

Recuerda: la técnica se basa en trenzar, añadir un mechón de pelo a uno de los mechones de los laterales, trenzar, añadir un mechón de pelo a uno de los mechones de los laterales, trenzar, etc. Ve muy despacio y no dejes que tanto texto te abrume.

1. Divide el cabello en tres secciones. Sujeta la sección de la izquierda con la mano izquierda, la sección de la derecha con la mano derecha y la sección del centro entre los dedos índice y pulgar de la mano derecha. La posición de las manos es muy importante.

2. Con la mano izquierda coloca el mechón de la izquierda por encima de la sección del medio y sujétalo con la mano derecha.

3. Sujeta el mechón que queda más a la izquierda con la mano izquierda y el mechón que queda en el centro entre los dedos índice y pulgar de la mano derecha. Extiende los dedos de la mano izquierda y coloca el mechón de la derecha por encima del mechón del centro. Lo que acabas de hacer es una trenza de tres cabos, nada demasiado complicado.

4. Ahora debes empezar a incorporar el resto del pelo a la trenza. Sujeta los tres cabos con la mano derecha, sujetando el mechón de la izquierda entre los dedos índice y pulgar. Con el índice izquierdo, separa un mechón del lado izquierdo del pelo del mismo grosor que los otros e incorpóralo al mechón de la izquierda.

5. Añade la nueva sección en un ángulo ligeramente inclinado.

6. A continuación, tienes que seguir como si se tratara de una trenza normal. Con la mano izquierda, coloca el mechón izquierdo, al que acabas de añadirle más pelo, por encima del mechón del centro. Después, sujétalo con los dedos índice y pulgar de la mano derecha.

7. Sujeta los tres cabos con la mano izquierda y repite el proceso. Con la mano derecha, añade pelo al mechón de la derecha, trénzalo por encima del mechón del centro y sujétalo con la mano izquierda.

8-9. Repite el proceso hasta que consigas la trenza francesa perfecta.

Trenza de cuerda

1-2. Coloca todo el pelo a un lado de la cabeza. Divide el pelo en dos secciones iguales y retuerce ambas en la misma dirección. No importa hacia qué lado las retuerzas, pero recuerda que ambas deben retorcerse en la misma dirección. Yo las he retorcido en dirección al rostro.

3-4. Para hacer la trenza de cuerda, retuerce las dos secciones entre sí en dirección contraria. Como había retorcido las secciones individuales en dirección al rostro, las he retorcido entre sí hacia el lado contrario.

5. Cuando llegues al final, ata la trenza con una goma elástica transparente y dale volumen abriendo un poco los retorcidos.

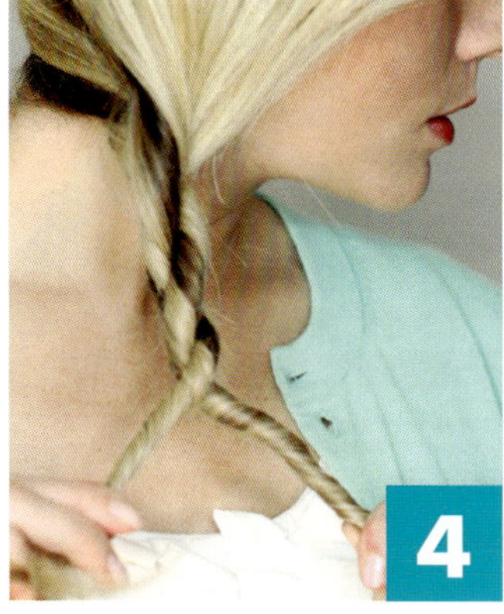

Trenza alternativa

De todos los peinados que os enseño en este libro, la trenza alternativa es sin duda el que más utilizo. Una vez he terminado la trenza, me gusta separar un poco el pelo del rostro a la altura de las sienes con la ayuda del mango del cepillo de cardar y después cardar el pelo para darle un poco más de volumen a las raíces.

1. Carda las raíces, coloca todo el pelo a un lado y divídelo en dos secciones.

2. Con los dedos índices, retuerce las dos secciones sobre sí mismas hacia adentro.

3. Sujeta ambos retorcidos con la mano no dominante.

4. Introduce el índice de la mano libre a través de los dos retorcidos.

5. Vuelve a dividir el pelo en dos secciones.

6. Vuelve a retorcer las dos nuevas secciones hacia adentro y repite el proceso.

7. Dale volumen a la trenza estirando de los mechones para pasar de una trenza normal a una en la que todo el mundo se fijará. Después, ciérrala con una goma elástica transparente y fíjala con un poco de tu laca favorita.

Trenza bohemia en cascada

Instrucciones básicas: divide el pelo en dos secciones, retuércelas, añade más pelo a cada sección, retuércelas y repite. Yo empecé este peinado con los rizos que me quedaban tras haberme rizado el pelo con las tenacillas unos días antes.

1. Empezando por la raya del pelo, separa una sección en forma de triángulo y divídela en dos secciones.

2. Toma la sección de debajo, pásala por encima de la sección de arriba y retuércelas.

3. Sujeta ambas secciones con la mano que te quede más arriba, agarra la sección inferior con los dedos índice y pulgar. Con el índice de la mano libre, añade un nuevo mechón de pelo a la sección inferior, la que estás sujetando con el índice y el pulgar.

4. Pasa ambas secciones a la mano que te quede más abajo y sujeta la sección superior con los dedos índice y pulgar. Con el índice de la mano libre, añade un nuevo

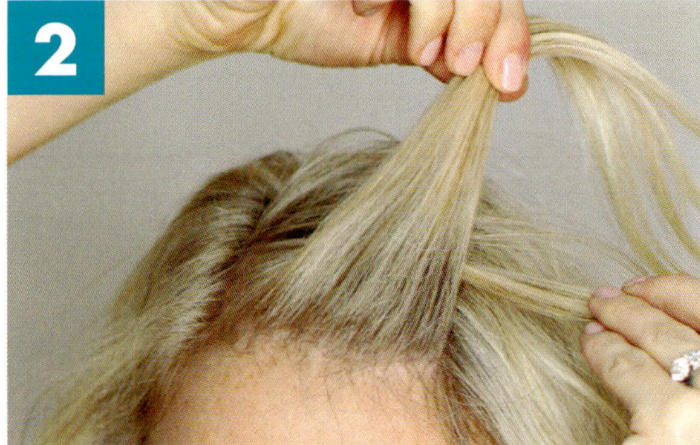

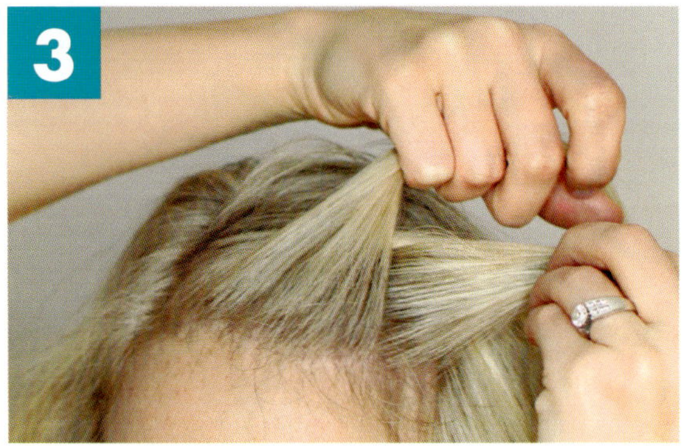

mechón de pelo a la sección superior.

5. Retuerce la sección inferior por encima de la sección superior y repite.

6. Añade mechones y retuércelos hasta que llegues a la altura de la sien. Una vez llegues a la sien, no añadas nuevos mechones, simplemente retuerce las dos secciones entre sí.

7. Cuando alcances las puntas del cabello, ata el retorcido con una goma elástica transparente. Sujeta la goma con el índice y el pulgar, con los nudillos apuntando hacia afuera. Después, gira la muñeca hasta que los nudillos apunten hacia el rostro para apretar el retorcido.

8. Con la otra mano, sujeta el último mechón de pelo que has añadido antes de realizar el retorcido normal, a la altura de la sien, y fija una horquilla en el retorcido para que el peinado se mantenga en su sitio.

1. Empieza el peinado con una trenza holandesa básica (consulta la página 48). Los mechones de los laterales tienen que trenzarse siempre por debajo del central.

2. Trenza con cuidado de mantener la trenza siempre cerca del nacimiento del pelo.

3. Procura que la trenza quede apretada; siempre puedes aflojarla después.

4. Cuando llegues a la altura de la nuca, debes cambiar la dirección en la que trenzas el pelo. Sujeta todos los cabos con la mano que te queda más abajo.

5. Y ahora comienza a trenzar el otro lado hacia arriba, pasando la mano que te queda más arriba por delante de la cara. Puede parecerte un poco complicado y puede que pierdas el ritmo con el que hacías la trenza, ¡pero no sueltes los mechones! Recuerda los pasos y repítelos en voz alta. Si alguna vez me pierdo, repetir los pasos en

voz alta me resulta de gran ayuda.

6. Mantén la trenza apretada y siempre cerca del nacimiento del pelo.

7. Una vez hayas añadido todo el pelo, continúa con una trenza normal hasta que llegues a las puntas.

8. Cierra la trenza con una goma elástica transparente.

9. Sujeta el final de la trenza con horquillas, por debajo de la trenza holandesa.

10. Y mi parte favorita: dale volumen a la trenza. Estira de los cabos hasta que haya quedado tan ancha y acolchada como te lo permita el pelo. ¡Es lo que hace que el peinado quede tan bonito!

Trenza de media corona

Empieza el peinado con rizos de tenacillas de 2,5 centímetros de diámetro y cardando las raíces del pelo.

1. Separa una pequeña sección del cabello y divídela en tres mechones.

2. Haz una trenza con esos tres mechones.

3. Mientras sujetas el final de la trenza con una mano, dale volumen con la otra. Abre y estira los cabos de la trenza hasta que se vea más grande y gruesa.

4. Ata la trenza con una goma elástica.

5. Repite en el otro lado de la cabeza.

6. Sin apretarlas demasiado, coloca una de las trenzas en la parte posterior de la cabeza y sujétala con horquillas. Es posible que tengas que esconder las puntas del pelo y sujetarlas por debajo con otra horquilla.

7. Coge la otra trenza y colócala por encima de las horquillas y de la primera trenza.

8. Sujétala con horquillas.

Sigue los pasos 1-6 del tutorial de la trenza de media corona (página 36).

Truco

Para completar este peinado, carda la coleta y fíjala con un espray de ondas surferas para darle textura al cabello.

1. Une las dos trenzas con una goma elástica transparente.

2. Corta las gomas que habías utilizado para cerrar las trenzas.

3. Recoge el resto del pelo en una cola de caballo alta con otra goma elástica.

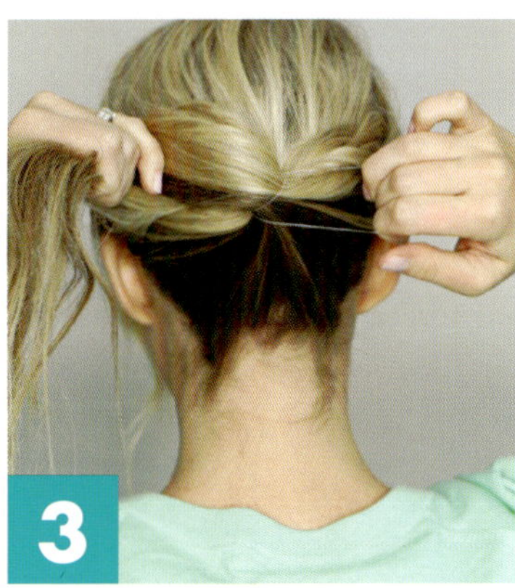

Trenza de escalera china

Cuando era pequeña, me encantaba hacer pulseras de nudos. ¿Te acuerdas de ellas? Me pasaba horas y horas haciendo llaveros y brazaletes e intercambiándolos con mis amigos. Pues resulta que el tipo de anudado que se utilizaba en las pulseras trenzadas se usa también en este peinado. ¡Es un anudado divertido y fácil que también sirve para el pelo!

1. Coloca todo el pelo hacia un lado. Para esta trenza, todo el pelo será el mechón del centro.

2. Separa un mechón pequeño de la parte de detrás de la cabeza.

3. Cruza el mechón por encima del pelo, dejando un agujero. El mechón, el agujero y el resto del pelo deben tener forma de número cuatro.

4. Pasa la mano que tengas más cerca del agujero por él y sujeta el extremo del mechón.

5. Pasa el mechón por el agujero, estíralo y únelo de nuevo al resto del pelo. Felicidades, ¡acabas de terminar una parte de la trenza de escalera china! Puedes continuar la técnica y añadir nuevos mechones, como he hecho yo, o puedes hacer la trenza de escalera china normal y añadir el siguiente mechón por el lado contrario.

6. Cuando termines la trenza, ciérrala con una goma elástica transparente.

7. Para que el peinado se vea más completo, me he hecho otra trenza en el flequillo para apartarlo de la cara.

¡Sé creativa!

La trenza de escalera china que he creado yo es unilateral, por lo que los detalles solo se ven desde la parte de detrás. Sin embargo, puedes ir variando el punto en el que anudas el cabello. Si quieres que los detalles se vean desde la parte de delante, añade los nuevos mechones de pelo del revés, de manera que cuando formes el número cuatro los extremos de los mechones apunten hacia afuera en lugar de hacia la cara. Para lograr un efecto más desenfadado puedes retorcer la trenza para que parezca una escalera en espiral. ¡Prueba el peinado de distintas formas porque es muy divertido!

Moño alto de trenza francesa

Trenzar el pelo boca abajo siempre es difícil, a mí me costó bastante pillarle el truco. Te recomiendo que cuando empieces lo hagas muy despacio y repitas los pasos en voz alta: te ayudará a recordar lo que haces y por dónde vas mientras relajas los dedos. Tú puedes. ¡Practica, practica, practica!

1. Recoge la parte de arriba del pelo en un moño alto. Yo seguí el tutorial del moño despeinado de las páginas 92-93.

2. Pon el pelo boca abajo. Si tienes las cutículas del pelo muy dañadas, aplica un espray para disimularlas.

Separa una pequeña sección de cabello de la nuca y divídela en tres partes.

3-5. Haz una trenza francesa hasta arriba. De vez en cuando, comprueba en el espejo que los mechones de pelo que añadas a la trenza francesa estén alineados con la parte del pelo que has recogido en un moño, ya que no querrás tener que empezarla de nuevo porque te hayan quedado huecos o mechones abultados.

6. Cuando llegues al extremo de la trenza, ciérrala con una goma elástica transparente y recoge lo que te sobre del pelo en otro moño despeinado. La trenza debe atarse con una goma elástica distinta por si el moño despeinado no te queda como querías. De este modo, puedes deshacerlo y volverlo a hacer hasta que te quede perfecto. ¡Ya sabes cómo son los moños despeinados!

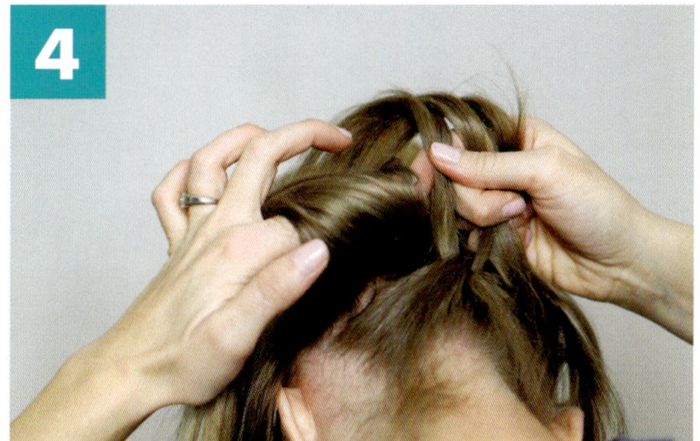

Instrucciones básicas: trenza, sujeta los mechones del centro y de la izquierda con la mano que te quede más arriba y deja caer el mechón restante. Reemplaza el mechón que has dejado caer con otro nuevo. Pasa el mechón nuevo por encima del central y repite el proceso.

1. Empieza el peinado con una trenza de tres cabos cerca de la raya del pelo: pasa los mechones exteriores (el superior y el inferior) por encima del mechón del centro.

2. Recoge el mechón superior y el del centro con la mano que te queda más arriba y deja caer el mechón inferior.

3. Separa otra sección de pelo, al lado del mechón que acabas de dejar caer y justo debajo de los dos mechones que estás sujetando con la otra mano, para trenzarla. Fíjate en la mano que me queda más abajo, estoy sujetando una sección de pelo completamente nueva. Lo que tenemos que hacer básicamente es soltar el mechón de pelo que hemos cogido al principio y utilizar un nuevo mechón inferior.

4. Sujeta los tres cabos con la mano de arriba, trenza el nuevo mechón inferior por encima del central y después pasa los tres mechones a la mano de debajo, sujetando el mechón superior entre los dedos índice y pulgar.

5. Tal y como harías si estuvieras haciendo una trenza francesa normal, añade mechones nuevos a los mechones superiores. Trenza por encima del mechón del centro y pasa el mechón de arriba y el del medio a la mano que te queda más arriba.

6. Deja caer el mechón inferior.

7. Añade otro mechón de pelo para sustituir el mechón

inferior que acabas de dejar caer.

8. Repite los pasos 5-7.

9. Una vez hayas trenzado el pelo alrededor de la coronilla, puedes sujetarlo con una horquilla o terminar el peinado con una trenza y cerrarlo con una goma elástica transparente.

Trenza doble

Empieza el peinado con los rizos que te quedan de haberte rizado el pelo con tenacillas. El primer paso para realizar esta trenza es empezar una trenza en cascada en la parte superior de la cabeza. A continuación, se hace otra trenza en cascada justo debajo y se sujetan con horquillas.

6. Retira la pinza de metal y, mediante la técnica que se utiliza en el semirrecogido sencillo (consultar páginas 18-19), retuerce los mechones laterales y sujétalos con un par de horquillas.

1. A unos dos centímetros y medio del nacimiento del pelo, empieza una trenza en cascada.

2. Deja caer el mechón inferior.

3. Añade más pelo y continúa trenzando.

4. Cuando hayas trenzado en cascada hasta donde quieras, haz una trenza de tres cabos con el pelo restante. Sujétalo todo con una pinza de metal.

5. Empieza otra trenza en cascada justo debajo de la primera.

Trenza de lechera

La trenza de lechera es un buen recurso para peinarse cuando el pelo empieza a estar un poco sucio y ha perdido los rizos o la textura.

1. Divide el cabello en dos secciones y haz una trenza básica en cada lado.

2. Después de atarlas con gomas elásticas transparentes, abre y dale volumen a las trenzas.

3. Levanta una de las trenzas, colócala en la parte superior de la cabeza y sujétala con horquillas. Repite el mismo proceso en el otro lado.

4. Si ves que el pelo te queda abultado junto a las orejas, donde has empezado las trenzas, puedes arreglarlo con horquillas. Repite el mismo proceso en el otro lado.

Trenzas holandesas

La trenza holandesa, también conocida como trenza invertida o trenza francesa invertida, es una trenza bonita y definida que se posa encima del cabello. La trenza holandesa y la trenza francesa son exactamente lo mismo, con la diferencia de que en la trenza holandesa los mechones laterales se trenzan por debajo del central, en lugar de por encima. Lo que más me gusta hacer al terminar una trenza holandesa es abrirla y darle volumen: al estirar de los mechones se consigue que la trenza se vea voluminosa y definida. Esta trenza tiene una forma preciosa, así que diviértete probando los peinados, ¡son algunos de mis favoritos!

❧ Trenza holandesa de raíz ❧

Si dominas la trenza francesa, ¡este peinado te parecerá pan comido!

1. Divide el pelo en tres secciones. Sujeta el mechón de la izquierda con la mano izquierda, el mechón de la derecha con la mano derecha y el mechón del centro entre los dedos índice y pulgar de la mano derecha.

2. Con la mano izquierda, pasa el mechón izquierdo por debajo del mechón central y sujétalo con el índice y el pulgar de la mano derecha. Tendrás que sujetar el mechón izquierdo con la mano y no con el índice y el pulgar como se ve en la foto, ya que solo quería asegurarme de que pudieras ver bien la posición de los tres cabos.

3. Pasa el índice y el pulgar de la mano izquierda por detrás del mechón central y después trenza el mechón derecho por debajo del mechón central.

4. Ahora tendrás que empezar a incorporar el resto del cabello a la trenza. Sujeta los tres cabos con la mano derecha; el izquierdo con los dedos índice y pulgar.

5. Con el índice de la mano izquierda, separa un mechón de pelo del mismo grosor que los cabos de la trenza y añádelo al mechón izquierdo, el que estás sujetando con el índice y el pulgar de la mano derecha.

6. A continuación, debes trenzar el mechón de la izquierda, al que acabas de añadirle más pelo, por debajo del mechón central. Sujétalo con los dedos índice y pulgar de la mano derecha. En la foto lo hago diferente para que veas bien la posición de todos los mechones. Normalmente, suelo sujetar el mechón con el anular y el meñique, para así tener

el índice y el pulgar libres y poder añadir mechones a los cabos.

7. Sujeta los tres cabos con la mano izquierda y repite el proceso, esta vez separando un mechón con el índice de la mano derecha e incorporándolo al mechón derecho. Después, trénzalo por debajo del mechón central. Repite los pasos hasta que obtengas la trenza holandesa de raíz perfecta.

Truco

La técnica que se utiliza en este peinado es la misma que la de la trenza francesa, con la única diferencia de que los mechones laterales se trenzan por debajo del mechón del centro en lugar de por encima. El tutorial puede parecer un poco extenso, pero la técnica básica es la siguiente: trenza los dos mechones laterales por debajo del mechón del centro, añade cabello a uno de los mechones laterales, trénzalo por debajo del mechón central, añade cabello al otro lado, trenza por debajo del mechón del centro, y así sucesivamente.

Trenza cosida

Pasos básicos: haz una trenza holandesa (consultar páginas 48-49) de lado y colócala como si se tratara de una diadema alrededor de la oreja. Ciérrala con una goma elástica transparente y fija el peinado con una horquilla.

arriba, nunca a los cabos que te quedan justo al lado de la cara, y debes trenzar por debajo del mechón del centro. Si ves que añadir mechones solo por un lado te hace perder el ritmo, puedes hacer ver que añades nuevos mechones, como harías normalmente, hasta que te salga solo. Yo lo que hago es girar la muñeca: fíjate en la posición de la muñeca en la imagen y compárala con la foto siguiente.

5. Separa un nuevo mechón de pelo de la parte de detrás, donde comienza la trenza holandesa, y añádelo al mechón que queda más arriba.

6. Una vez has añadido cabello al mechón de arriba, trénzalo por debajo del mechón del centro.

7. Coge el mechón de debajo, el que te queda más cerca de la cara y trénzalo por debajo del mechón del centro sin añadir más mechones de pelo. Es más sencillo si giras la muñeca.

1. Marca bien la raya del pelo. Separa una sección del cabello desde la parte de detrás de la raya y divídela en tres mechones.

2. Empieza una trenza holandesa. Hazla apretada e inclínala hacia adelante, en dirección a la cara. Como puedes ver en la imagen, la trenza solo tiene unos dos centímetros y medio de grosor.

3-4. Cuando llegues a la altura de la frente, deberás empezar a hacer una trenza holandesa de lado. Para hacerla, solo debes añadir nuevos mechones al mechón que queda más

8. Cuando llegues a la sien, continúa con una trenza básica. Después, ciérrala con una pinza y abre los mechones para que la trenza se vea más ancha y tenga más volumen.

9. Cierra la trenza con una goma elástica transparente y fíjala por debajo de las capas superiores del pelo con dos horquillas cruzadas.

Diadema de trenza holandesa

Me encanta este peinado porque la trenza asimétrica es muy delicada y tiene una forma muy bonita. Es mejor comenzar el peinado con los rizos que te queden de las tenacillas o después de haberle quitado forma a los rizos con el cepillo.

1. Marca bien la raya del pelo a un lado y comienza una trenza holandesa normal. Mantén la trenza siempre cerca del nacimiento del pelo e inclínala hacia el lado en el que quieras colocarla.

2. Cuando llegues a la altura de la oreja, sujeta la trenza contra el cuero cabelludo y fíjala con horquillas. Puedes seguir la técnica del semirrecogido sencillo (consulta las páginas 18-19), doblar sobre sí mismo el extremo de la trenza y fijarlo con horquillas. Una vez has recogido la trenza, abre los mechones para darle definición y textura.

Trenza holandesa de lado

1. Empieza haciéndote la raya del pelo a un lado.

2. Separa una sección del pelo junto a la raya, divídela en tres mechones y empieza una trenza holandesa.

3. Sigue trenzando, con cuidado de hacer la trenza apretada y mantenerla cerca del nacimiento del pelo.

4. El otro lado tiene que quedar así.

5. Añade mechones a la trenza desde el otro lado de la cabeza.

6. Cuando hayas añadido todo el pelo, continúa con una trenza de tres cabos hasta que llegues al extremo del cabello.

7. Abre la trenza, estirando de los mechones de pelo. Es entonces cuando la trenza pasa de ser bonita a ser deslumbrante. La gente no se dará cuenta de que es una trenza holandesa normal y corriente, porque quedará bonita y voluminosa. Cuando le hayas dado volumen, ciérrala con una goma elástica transparente y fíjala con laca.

Trenza de princesa

En este tutorial crearás un recogido a partir de dos trenzas holandesas, pero, en lugar de añadir mechones de pelo al mechón superior como se haría normalmente en una trenza holandesa, solo lo añadirás al inferior.

1. Haz una trenza holandesa hasta llegar a la altura de las orejas. Fíjate en los movimientos de muñeca que hago del primer paso al segundo. En una trenza holandesa normal, el siguiente paso sería añadir un mechón de pelo nuevo al mechón de arriba.

2. No obstante, para esta trenza lo único que hago es girar la muñeca para trenzar automáticamente la sección de arriba por debajo de la del centro. De aquí en adelante no tendrás que añadir pelo al mechón de arriba y te será mucho más fácil si solo giras la muñeca.

3. Añade pelo al mechón de abajo y sigue trenzando como siempre. Debes incorporar el pelo que te cae sobre los hombros al mechón

inferior de la trenza. Puede que te cueste un poco acostumbrarte, pero con práctica lo conseguirás.

4. Cuando hayas terminado de añadir pelo a un lado, continúa trenzando hasta que llegues al extremo del pelo y sujeta la trenza con una goma elástica transparente.

5. Repite los pasos 1-4 en el otro lado y después abre las trenzas para darles volumen.

6. Coloca una de las trenzas sobre el pelo, encima de la nuca. Utiliza horquillas grandes para sujetar la trenza al resto del pelo. Si tienes el pelo muy largo, tendrás que enrollar las puntas, sujetarlas con horquillas y esconderlas después con la otra trenza.

7. Coloca la segunda trenza encima de la primera y sujétala con horquillas grandes para que no se suelte. Nuestro objetivo será tapar las puntas de la primera trenza y cerciorarnos de que ambas trenzas están bien sujetas.

8. Enrolla las puntas de la segunda trenza y escóndelas detrás de la primera trenza. Para esconderlas, deberás enrollarlas formando un círculo muy pequeño. Termina el peinado con un espray de acabado. Si ves que lo necesitas, puedes pasar el cepillo de cardado por la coronilla de forma horizontal y con cuidado hacia arriba, para prevenir que el pelo se te quede pegado al cuero cabelludo y así darle más volumen al peinado.

Este peinado es idóneo al tercer o cuarto día de lavarse el pelo y cuando te quedan ondas sueltas de haberte rizado el pelo unos días antes.

1. Hazte la raya en el medio, divide el pelo en dos partes y recoge con una pinza de metal uno de los dos lados. A mí me gusta dejarme la raya al lado, como la llevo siempre, y desviarla hasta que quede centrada conforme se acerca a la nuca.

2. Separa una sección bastante grande de pelo en forma de triángulo desde el nacimiento del pelo. La que he separado yo va desde las sienes hasta la raya. Divídela en tres secciones y comienza una trenza holandesa.

3. Continúa la trenza hasta la nuca y sujétala con un par de pinzas de metal.

4. Repite los pasos 2-3 en el otro lado.

5. Estira las trenzas y abre los mechones para darle volumen y definición al peinado.

6. Une las trenzas en una cola de caballo a la altura de la nuca y átalas con una goma elástica. Quita las pinzas y deshaz la parte de las trenzas que queda por debajo de la goma elástica.

7. Carda la cola de caballo para darle más textura y volumen al cabello.

Truco

Puedes separar un mechón pequeño de la coleta y enrollarlo alrededor de la goma elástica. Introdúcelo en la coleta con una aguja para el pelo Topsy Tail o sujétalo por debajo con una horquilla para que no se suelte.

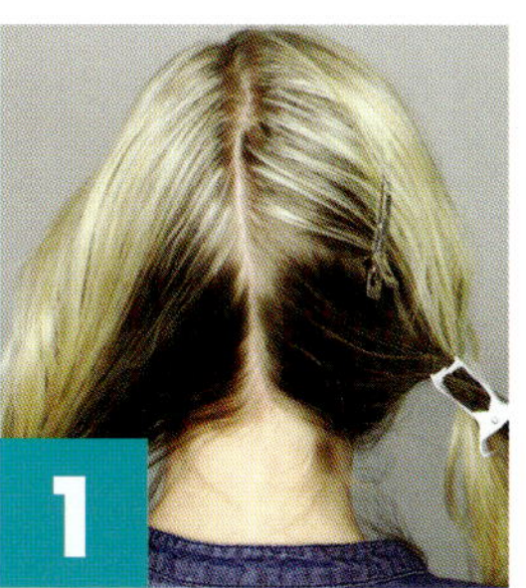

Trenzas de espiga

A la trenza de espiga se la conoce también como trenza de espiguilla, trenza de cola de pez o trenza de sirena. Parece una trenza compleja, pero sorprendentemente es muy fácil de hacer. Aunque se usan cuatro cabos en lugar de tres, como en las trenzas francesas y holandesas, muchas personas consideran que esta técnica es mucho más fácil de aprender. En general, a lo largo de la trenza, los mechones deben ser siempre del mismo grosor y, para que la trenza parezca más compleja, puedes usar mechones más finos. Te costará más tiempo y esfuerzo, pero el resultado será maravilloso.

Trenza de espiga de lado

La trenza de espiga es un clásico. Este tutorial explica cómo hacerla de lado, pero sirve para aprender a hacerla de cualquier forma. Personalmente, me gusta empezar la trenza con el pelo despeinado u ondulado, ya que así la trenza queda más bonita y tiene más volumen. ¡Es un peinado que queda muy bien al tercer o cuarto día de lavarse el pelo!

1. Recógete el pelo en una coleta baja con una goma elástica transparente. Divide la coleta en dos secciones.

2. Con el dedo índice, separa un pequeño mechón de pelo de la sección derecha.

3. Gira el índice de manera que señales con él hacia la sección de la izquierda.

4. Coge el mechón y añádelo a la sección de la izquierda.

5. Separa un mechón pequeño de la sección de la izquierda con el dedo índice.

6. Gira el índice de manera que señales con él hacia la sección de la derecha.

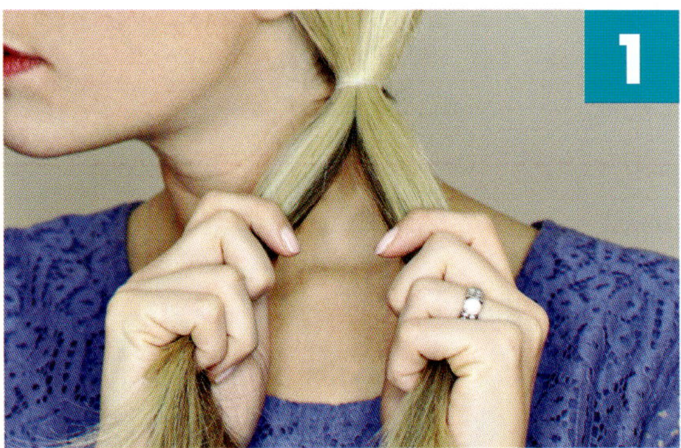

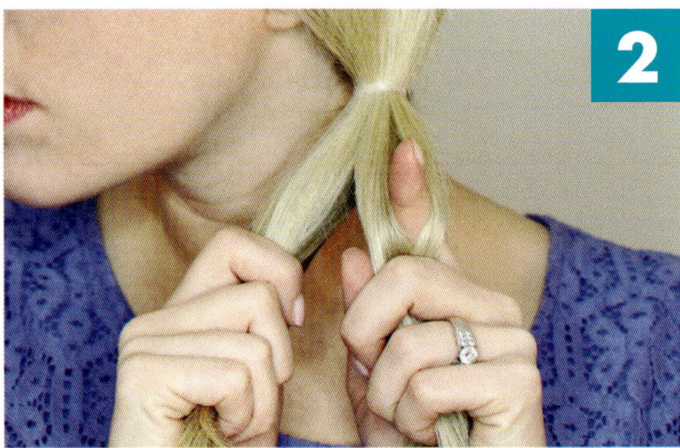

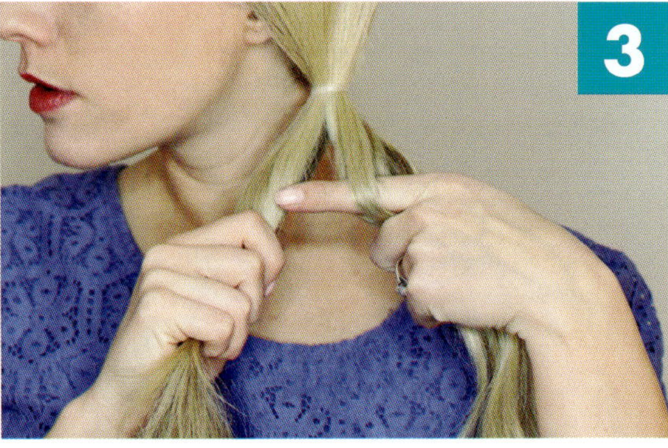

7. Añade el mechón a la sección de la derecha. Verás como la trenza empieza a formarse. Asegúrate de apretar bien los mechones cuando hagas la trenza, siempre puedes aflojarla más adelante.

8. Continúa trenzando hasta que llegues a las puntas.

9. Cierra la trenza de espiga y corta la goma elástica del principio, con cuidado de no cortarte el pelo.

10. Para terminar, debes darle volumen a la trenza. Puedes dejarla apretada y bonita o puedes deshacer algunas de las capas para que el peinado parezca más casual, es cuestión de gustos.

Trenza de espiga de raíz

Es necesario estar familiarizado con la trenza de espiga normal para entender este tutorial. Si sabes hacer la otra, ¡esta te parecerá súper fácil!

1. Separa una sección del resto del pelo. El lugar en el que la separes es donde empezará la trenza de espiga.

2. Divide la sección en dos mechones.

3. Sujeta los dos mechones con la mano izquierda, y con la derecha separa un mechón pequeño de detrás de la parte derecha.

4. Estira la mano izquierda y coge ese mechón. Pásalo por encima del derecho y únelo al mechón de la izquierda.

5. Sujeta los dos mechones con la mano derecha y separa un mechón del lado izquierdo con la mano izquierda.

6. Estira la mano derecha y coge el mechón que acabas de separar. Pásalo por encima del izquierdo y únelo al mechón de la derecha.

7. Ahora debes empezar a añadir nuevos mechones a la trenza. Ten en cuenta que tendrás que pasar los mechones nuevos desde la parte de atrás de la cabeza hacia adelante. Los mechones deben ser de más o menos un centímetro, dependiendo del grosor o la textura que quieras que tenga la trenza, y tendrás que trenzarlos por encima de los demás mechones. Dicho esto, separa un nuevo mechón de pelo con la mano derecha.

8. Trenza el mechón que has separado por encima del mechón de la derecha y añádelo al mechón de la izquierda. Aprieta bien los mechones, siempre puedes aflojarlos una vez hayas terminado.

9. Sujeta ambos cabos con la mano derecha y separa un nuevo mechón con la mano izquierda.

10. Pasa el mechón nuevo por encima del mechón de la izquierda y únelo al mechón de la derecha.

11. Repite los pasos 7-9.

12. Cuando llego a este paso se me empiezan a cansar los brazos, así que coloco la trenza por encima del hombro y continúo trenzando por delante y hacia el lado contrario.

13. Cierra la trenza con una goma elástica transparente. Después abre con cuidado los mechones, así conseguirás que la trenza se vea más gruesa y le darás volumen y textura al cabello.

1
2
3
4
5
6
7
8
9
10
11
12
13a
13b

Peinado de alfombra roja

Comienza este peinado con unos bonitos rizos. Puedes seguir el tutorial de rizos con tenacillas de las páginas 22-23. Si llevas extensiones de clip, este es un buen peinado para ponértelas.

1. Gran parte del encanto de este peinado se basa en lograr un flequillo perfecto, como el de la sirenita. Para conseguirlo, enrolla el flequillo hacia atrás, dejando un hueco de unos dos dedos, y sujétalo con pinzas de metal. Tienes que dejar que los rizos tomen forma para que no se te deshagan antes de que termine la noche.

2. Hazte un semirrecogido con el resto del pelo. Yo he utilizado la técnica del semirrecogido sencillo de las páginas 18-19, en la que retuerces el pelo sobre sí mismo y lo sujetas deslizando una horquilla por el retorcido. Me he recogido el pelo hacia un lado, en lugar de en el centro de la cabeza.

3. Separa una sección desde la nuca y aparta el resto del pelo con una pinza grande. Divide la sección en dos mechones y haz una trenza de espiga.

4. Cuando hayas terminado la trenza de espiga, estira de los mechones para que parezca despeinada y casual. Tiene que parecer lo más espontánea posible.

5. En lugar de cerrar la trenza con una goma elástica transparente, carda las puntas de la trenza y aplícate laca. Esto hará que la trenza de espiga te dure toda la noche.

6. Suéltate el resto del pelo y dale más volumen a los rizos con un cepillo de cardado.

Trenza de lado elegante

Para hacer este peinado hay que estar familiarizado con la trenza de espiga de raíz y la trenza alternativa. Si quieres instrucciones más detalladas de ambas trenzas, consulta las páginas 60-61 y 31. Además, debes empezar este peinado con rizos hechos con tenacillas de 2,5 centímetros de diámetro; puedes encontrar el tutorial en las páginas 22-23. Carda el pelo para darle volumen y termina el peinado con un espray de acabado.

1. Separa la sección que va desde el final de la raya del pelo a la oreja y sujétala con una goma elástica transparente. Divide la coleta en dos secciones. Estas dos secciones son las que usarás para crear una trenza de espiga de raíz. Procura no añadir las capas delanteras del pelo a la trenza, ya que los rizos que enmarcan la cara te ayudarán a completar el peinado (consulta el paso número 7).

2. Separa un mechón de pelo con la mano que te quede más arriba, pásalo por encima del mechón de la coleta que queda más arriba y únelo al mechón de abajo. Repite el mismo proceso en el lado contrario, separa un pequeño mechón de al lado de la oreja con la mano que te quede más abajo, pásalo por encima del mechón de debajo y añádelo al mechón de arriba.

3-4. Haz la trenza de espiga bien apretada e inclínala para que te rodee la parte de detrás de la cabeza. Recuerda que siempre puedes aflojar los mechones más adelante.

5. Cuando llegues a la nuca, separa los mechones que enmarcan el rostro (consulta el paso número 7) y empieza una trenza alternativa.

6. Divide el pelo en dos secciones y retuércelas hacia adentro.

7. Junta los dos mechones con una mano e introduce un dedo a través de los dos para separarlos en dos nuevos mechones. Retuerce los mechones hacia adentro y repite el paso número 7.

8. Cierra la trenza alternativa con una goma elástica transparente.

9. Estira de algunos de los mechones de la trenza para darle más volumen y textura. Corta la goma elástica que sujeta la trenza de espiga. Puedes dejar la goma que cierra la trenza alternativa o puedes quitarla y cardar muy bien las puntas para que la trenza no se suelte. Si te decantas por esta opción, aplica laca en la trenza y te durará toda la noche.

Antes de comenzar este peinado, me ricé el pelo con las tenacillas de 2,5 centímetros de diámetro. Puedes encontrar el tutorial en las páginas 22-23.

1. Recoge la parte de arriba del pelo en una media coleta. No recojas mucho pelo, solo las primeras capas. Para el siguiente paso, puedes usar una aguja Topsy Tail o hacer un agujero en el pelo justo encima de la goma elástica, levantar la coleta e introducirla por el agujero.

3-7. Divide la coleta en dos secciones y haz una trenza de espiga. Ya deberías estar familiarizada con esta técnica de trenzado, pero si necesitas refrescar la memoria puedes ir a las páginas 58-59 y repasarla.

8. Cuando termines, cierra la trenza de espiga con una goma elástica y dale volumen. En este momento es cuando puedes ser creativa: puedes hacer que parezca una trenza bohemia y casual, o puedes hacer que parezca más ordenada y refinada.

1. Divide el cabello en dos secciones. Haz una coleta en las dos partes con una goma elástica transparente a unos dos centímetros y medio de la raya del pelo.

2. Haz una trenza de espiga en una de las coletas.

3. Abre la trenza para que parezca que tiene más volumen.

4. Repite en el otro lado. Después, afloja un poco el pelo de encima de las dos trenzas para disimular la raya del pelo.

5. Puedes terminar el moño de dos formas distintas. La primera opción consiste en enrollar las trenzas de forma circular. Una de las trenzas se pasa por encima y se enrolla alrededor de la otra y, después, la otra se enrolla sobre la primera. El acabado es un recogido con las dos trenzas fijadas en círculo.

6. La otra opción consiste en hacer un recogido con forma de número ocho con las dos trenzas de espiga. En lugar de enrollarlas una encima de la otra, se enrolla una de las trenzas en la trenza contraria y después se pasa por el espacio que queda entre ambas.

Truco

Experimenta con las trenzas hasta que consigas el resultado deseado. Utiliza varias horquillas para asegurarte de que el peinado aguanta; yo prefiero utilizar horquillas grandes en lugar de las normales.

Moño de espiga de lado

1. Sigue los pasos 1-8 de la trenza de espiga de lado que puedes encontrar en las páginas 58-59. Empieza el peinado con una trenza de espiga de lado. Ciérrala con una goma elástica transparente y después ábrela y estírala para darle más volumen.

2. Lo único que debes hacer es enrollar la trenza de espiga en dirección a la cara en forma de C invertida. Añádele horquillas sobre la marcha y termina el recogido con un espray de acabado.

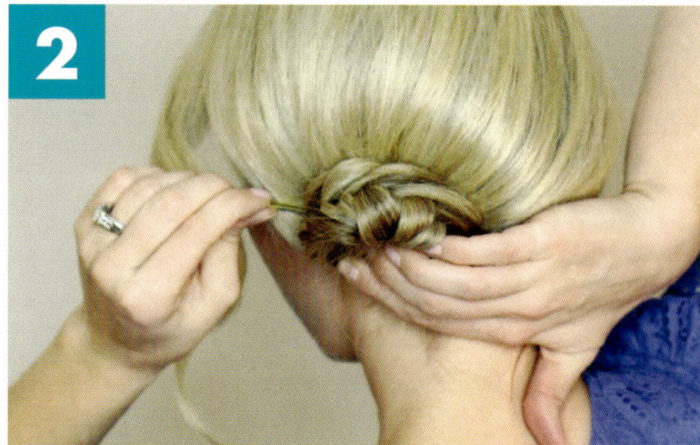

Colas de caballo

Hacerse una cola de caballo es una de las formas más sencillas y rápidas de recogerse el pelo y apartárselo de la cara. Es un peinado que viene muy bien cuando tienes prisa por las mañanas, cuando necesitas apartarte el pelo del cuello para hacer ejercicio o cuando quieres enseñar esa preciosa cara. La coleta de toda la vida no requiere mucho esfuerzo y por eso tendemos a abusar de ella. Con suerte, los peinados que te voy a enseñar a continuación te harán desarrollar la creatividad y te ayudarán a darle un nuevo enfoque a la coleta simple.

Cola de caballo cruzada

1. Separa un mechón pequeño de la parte de delante de la cabeza.

2. Júntalo con un mechón fino de la parte posterior de la cabeza y únelos con una goma elástica transparente.

3. Separa un mechón pequeño del lado opuesto y únelo con otro mechón fino de la parte posterior de la cabeza.

4. Átalos con una goma elástica transparente.

5. Repite el proceso hasta tener cuatro mechones entrecruzados. Deja dos mechones pequeños a los laterales de la nuca y recoge el resto del pelo en una cola de caballo.

6. Enrolla el mechón de la derecha y después enrolla el de la izquierda por encima de la coleta. Deberás sujetar los mechones con la mano libre con fuerza.

7. Cierra los mechones con una goma elástica transparente por debajo de la cola. Puedes intentar introducir los mechones en la goma con la que habías cerrado la coleta o puedes usar una nueva.

Truco

No es necesario que aprietes las gomas elásticas excesivamente, solo tienes que sujetar el pelo para que no se mueva. Para quitarte las gomas elásticas, solo debes deslizarlas con cuidado por el pelo.

1. Con los índices, recoge hacia atrás con cuidado las primeras capas de pelo. Cuando las dos secciones coincidan en el centro de la cabeza, retuércelas sobre sí mismas. (Consulta el semirrecogido sencillo de las páginas 18-19).

2-3. Retuerce el pelo sobre sí mismo y desliza una horquilla en el retorcido para sujetar el peinado, recuerda que solo tienes que fijar las capas exteriores del pelo.

4. Con cuidado, separa otros dos mechones desde los laterales. Tienen que ser mucho más finos que los primeros.

Ten en cuenta que solo debes retorcer esos dos mechones, no el pelo que ya tienes recogido.

5. Introduce una horquilla en el retorcido con la parte plana hacia arriba. El objetivo de este peinado es crear una forma bonita. Puedes hacerla en vertical o ladeada. A mí me gusta hacerla ladeada, ya que si cometes algún error es más fácil disimularlo y, además, me encanta el resultado final. Tenlo en cuenta mientras fijas las secciones.

6. Sigue separando pequeños mechones, retorciéndolos y sujetándolos con horquillas.

Cuando llegues a la altura de la nuca, separa un mechón solo de un lado y sujétalo con el dedo.

7. Sustituye el dedo por una horquilla y carda la cola de caballo para que parezca más voluminosa.

 Cola de caballo en cascada

¡Este peinado es divertido y único! Me gusta porque la trenza en cascada queda en forma de una diadema preciosa. Si sabes cómo hacer una trenza en cascada, te costará muy poco entender cómo se hace en un ángulo distinto. Puedes darle un toque elegante al peinado para que parezca de lo más sofisticado, o puedes hacerlo totalmente informal.

1. Marca bien la raya del pelo a un lado y después separa la sección del pelo en la que harás la trenza en forma de diadema. Recógete el resto del pelo para que no te moleste a la hora de trenzar.

2. Empieza una trenza en cascada (consultar páginas 42-43) dividiendo una capa del pelo en tres secciones.

3. Trenza una vez: trenza la sección de delante por encima de la del centro y la sección de detrás por encima de la del centro. Después, deja caer la sección de detrás.

4. Utiliza una pinza de metal para sujetar el mechón que has soltado y apartarlo del resto de la trenza. Separa otro mechón de pelo para reemplazar el que has soltado y continúa trenzando.

5. Trenza el mechón nuevo por encima del mechón central y después añade un mechón nuevo al mechón de delante.

6. Trenza ese mechón por encima del central, después sujeta ambas secciones con la mano que te queda más adelante y suelta el mechón de detrás.

7. Une el mechón que has soltado al otro que tenías sujeto con la pinza y continúa la trenza en cascada.

8. Cuando llegues a la altura de la oreja, sujeta la trenza con una horquilla para que no se deshaga.

El truco que te voy a enseñar hará que una coleta normal y corriente parezca muy glamurosa. No solo hace que la coleta parezca más larga, sino que además le aporta volumen y hace que quede más alta.

Antes

Después

1. Separa las capas de arriba del pelo y sujétalas con una pinza grande. Haz una coleta en la sección inferior con una goma elástica transparente.

2. Recoge las capas superiores en una coleta, a unos dos o tres centímetros de la primera, con una goma elástica transparente.

3. Carda la cola de caballo de arriba y aplícate un espray de acabado. Cuando hayas peinado los enredos que se han formado al cardar, tensa la coleta. ¡Y listo!

Peinados formales

¿Tienes un evento importante a la vuelta de la esquina? Tranquila, ¡yo me encargo! Ya sea para ir a una graduación, a una boda o incluso para la alfombra roja, con estos peinados te sentirás glamurosa en cuestión de segundos. En este apartado encontrarás trucos y consejos increíbles para lograr unos peinados bonitos y elegantes. Desde el clásico moño francés retorcido hasta recogidos más bohemios, te enseñaré todos los pasos que debes conocer para obtener el peinado perfecto que te haga sentirte guapa y elegante en la noche mágica que te espera.

Moño *chignon* retorcido

Este peinado es uno de mis favoritos: es un recogido pulcro y elegante, pero su bonita forma hace que sea también divertido y femenino. Otro de los aspectos que me gustan de este peinado es que no hace falta rizar el pelo para que quede bien. Si bien es cierto que todos los peinados quedan más bonitos cuando los haces con el pelo rizado, si tienes prisa y no tienes tiempo de rizarte el pelo, ¡este es el peinado ideal!

2. Separa otro mechón del mismo lado y repite el proceso.

3. Separa un tercer mechón desde detrás de la oreja del lado contrario y enróllalo alrededor de dos dedos. Sujeta el pelo enrollado a la parte posterior de la cabeza deslizando una horquilla en vertical y apuntando hacia el lado de la cabeza desde el que has separado el cabello.

4. Sigue separando pequeños mechones de pelo y enróllalos en pequeños moños con la ayuda de los dos dedos y el pulgar. Conforme vayas enrollando, sujeta el peinado con horquillas, con cuidado de tapar las horquillas que has utilizado en los pasos 1 y 2.

5. Si cuando llegues al final del retorcido te queda un agujero o un espacio que se note mucho, puedes separar un mechón de la nuca y retorcerlo hacia arriba para tapar el hueco. Sujétalo con horquillas. ¡Usar horquillas grandes puede venirte muy bien!

6. Divide el pelo que te ha quedado suelto en dos secciones iguales.

7. Sin apretar demasiado, retuerce los dos mechones de cabello entre sí y ahuécalos con un cepillo de cardado. Cierra el retorcido con una goma elástica transparente.

8. Coloca el retorcido encima del moño y sujétalo con horquillas. Cuando llegues al otro lado, introduce las puntas del retorcido en el agujero del primer mechón que has enrollado. Al usar el retorcido para terminar, no solo le daremos un toque extra al peinado, sino que además taparemos cualquier agujero u horquilla que haya quedado al descubierto en los pasos anteriores.

1. Separa un mechón de pelo de uno de los laterales y sujétalo en la parte de detrás de la cabeza deslizando horizontalmente una horquilla. Añade otra horquilla de manera que ambas queden cruzadas.

1. Separa el flequillo y sujeta con pinzas las secciones del pelo que van desde las orejas hasta el punto en el que termina la raya del pelo. Recoge el resto de la melena en un moño despeinado bajo (consulta las páginas 92-93). El moño es la base que le dará forma al resto del peinado, por lo que la forma en la que quede es muy importante. Si no te gusta cómo queda, vuelve a hacerlo hasta que estés satisfecha.

2. Separa dos mechones del pelo que has recogido en el paso anterior. Aunque añadiremos los mechones de uno en uno, quería enseñarte cómo queda el peinado por delante antes de pasar a la parte de atrás.

3. Retuerce y dale volumen al mechón. Hay dos formas de hacerlo: puedes retorcerlo entero en dirección contraria a la cara o puedes dividirlo en dos mechones más pequeños y retorcerlos entre sí.

4. Coloca el retorcido por encima del moño despeinado y sujétalo con horquillas en el lado contrario. Si tienes el pelo muy largo, tendrás que enrollar las puntas del pelo y sujetarlas con otra horquilla, como en el paso número 6.

5. Retuerce otra sección, pásala por encima del moño y fíjala en el lado contrario con horquillas.

6. Repite los pasos hasta que hayas retorcido todo el pelo que habías separado al principio. Recuerda que debes alternar los mechones de cada lado, colocarlos sin apretar demasiado y esconder las horquillas con los mechones que añadas.

7. Esconde las puntas del último mechón en el hueco que hay entre los mechones retorcidos y la parte de atrás de la cabeza. Termina el peinado con un espray de acabado. Puedes dejar algunos mechones sueltos en las sienes, las orejas o el flequillo.

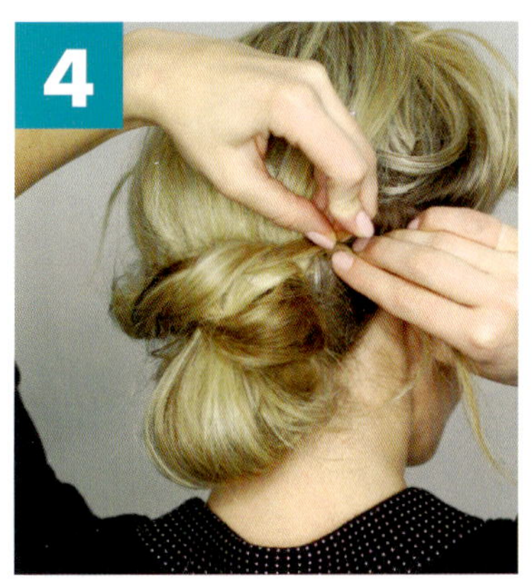

Truco

No es necesario que tengas el pelo rizado para que este peinado quede bien, aunque el resultado quedará más bonito si tienes algo de textura en el pelo. Yo lo empecé al cuarto día de haberme rizado el pelo con tenacillas.

Recogido en cascada

Comienza el peinado con rizos de tenacillas de 2,5 centímetros y después de haber cardado las raíces. Si necesitas repasar la técnica de la trenza en cascada, consulta las páginas 42-43.

1. Separa las capas de delante del pelo, pero solo las del lado hacia el que te cae el pelo al hacerte la raya de lado. Yo solo he separado unos dos o tres centímetros desde la frente.

2. Recógete el resto del pelo en un moño inacabado, es decir, en lugar de recoger todo el pelo con la goma en un moño, deja que las puntas del cabello queden sueltas.

3. Dale la forma que quieras al moño.

4. Mi intención era que el peinado quedara elegante, y creo que queda muy bonito que tanto la trenza como las puntas que han quedado sueltas caigan en forma de cascada. Sé creativa y ten paciencia hasta que consigas el moño perfecto.

5. Separa las primeras capas junto a la raya del pelo y empieza una trenza en cascada. Divide el pelo en tres secciones, trenza la sección de detrás por encima de la del centro, después la sección de delante por encima de la del centro, sujeta los tres cabos con la mano que te queda más adelantada y añádele un nuevo mechón a la sección que queda más alejada de la frente. Trenza la sección de detrás por encima de la del centro, sujeta los tres cabos con la mano que te queda más atrás y deja caer el mechón de detrás. Sustituye el mechón que has soltado por uno nuevo y vuelve a trenzar por encima del mechón del centro.

6. Repite los pasos hasta que llegues al final del pelo.

7. Enrolla la trenza en cascada alrededor del moño y sujétala con horquillas.

Truco

Termina el peinado con un espray de acabado. Si notas que la trenza te ha quedado muy pegada al cuero cabelludo, puedes deslizar el mango de un cepillo de cardado y levantar el pelo. Esto te ayudará a separarlo del cuero cabelludo y le dará un poco más de volumen al cabello.

Recogido bohemio retorcido

Este peinado funciona mejor con el pelo sucio o texturizado, ya que las horquillas aguantan mejor y el pelo es más fácil de manejar. Empecé el peinado con los rizos que me quedaban de haber usado las tenacillas y gracias a ellos comprobé que es mucho más fácil formar el moño con rizos grandes y flexibles.

1. Enrolla y sujeta con una pinza o con una goma las secciones de delante del pelo para que no interfieran en el peinado, ya que las añadirás más adelante.

2. Hazte un semirrecogido. Si necesitas recordar cómo hacer uno, puedes encontrar el tutorial del semirrecogido sencillo en las páginas 18-19.

3. Carda las capas inferiores del pelo.

4. El siguiente paso es improvisado: el objetivo es crear un recogido bonito separando mechones de pelo y sujetándolos con horquillas.

5. Aparta también el pelo de la nuca y recógelo con horquillas hasta que crees una forma bonita, con cuidado de que no parezca que el pelo está despeinado.

6. Una vez has recogido todo el pelo, puedes soltar las secciones de delante. Separa una pequeña sección de la zona donde comienza la raya del pelo y divídela en dos mechones.

7. Retuerce los mechones en dirección contraria a la cara.

8. Deberás añadir más mechones conforme vayas retorciendo. No se usa una técnica específica, simplemente

debes retorcer y añadir más pelo según veas necesario. Asegúrate de sujetar los retorcidos hacia atrás en diagonal, sino el pelo te quedará abultado.

9. Cuando termines cada retorcido, recuerda cerrarlos con una goma elástica transparente y darles volumen con un cepillo de cardado, así conseguirás que adquieran textura y definición.

10. A continuación cruza los retorcidos por encima del moño de un lado al otro.

11. Repite los pasos del 6-10 en el otro lado.

Recogido sencillo con diadema

Es un recogido divertido y fácil que, dependiendo de la diadema que utilices, puede ser elegante o casual.

1. Colócate una diadema alrededor de la coronilla. Es muy importante que no esté ni demasiado apretada ni demasiado suelta.

2. Separa dos secciones de pelo desde unos dos centímetros por detrás de las orejas y sujétalas con una pinza por delante del cuello.

3. A unos centímetros de las puntas del pelo, ata el resto del pelo con una goma elástica transparente.

4. Sujeta la goma elástica con la mano dominante y enrolla el pelo en la diadema.

5. Introduce las puntas en la diadema y aplícate laca en el pelo. Separa un mechón fino de una de las secciones de delante y retuércelo en dirección contraria a la cara. Coloca el retorcido

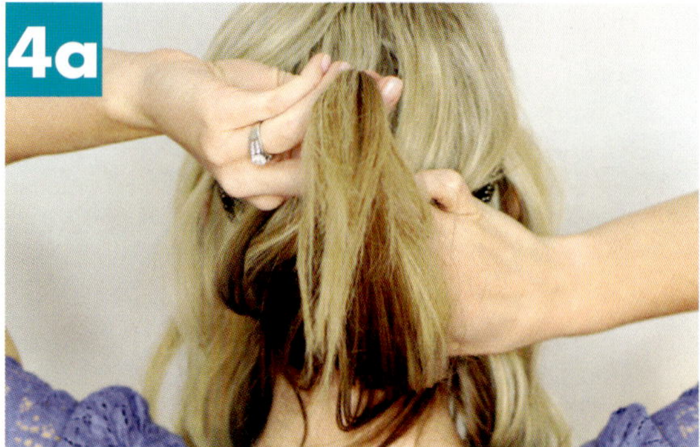

por encima del pelo que has enrollado en la diadema y sujétalo en el otro lado con horquillas.

6. En el otro lado, por detrás del flequillo (en caso de que quieras dejarlo suelto), divide el pelo en tres secciones y haz una trenza holandesa de raíz. Recuerda que debes trenzar las secciones laterales por debajo de la del centro.

7. Haz la trenza apretada y sujétala hacia atrás en diagonal, así cuando la coloques encima del moño enrollado no quedará abultada. Abre y dale volumen a la trenza y ciérrala con una goma elástica transparente.

8. Coloca la trenza por encima del moño sin apretarla demasiado.

9. Sujeta las puntas de la trenza introduciéndolas en la diadema.

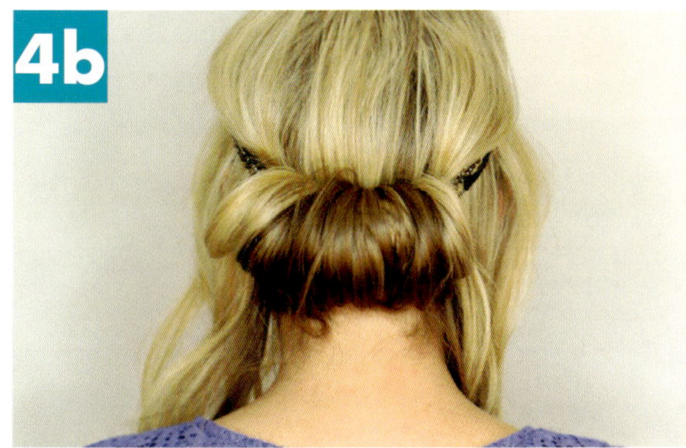

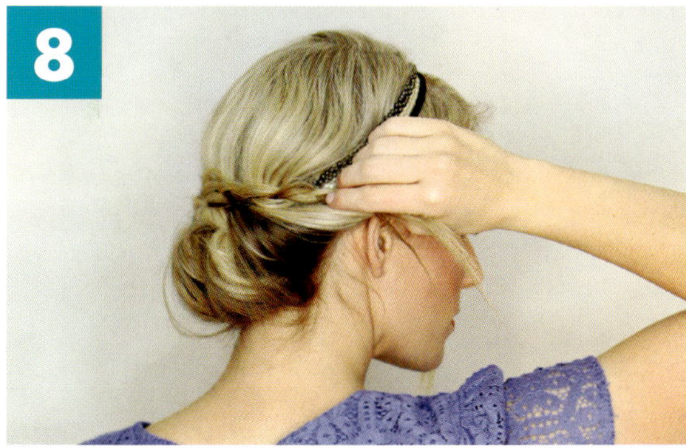

Semirrecogido cruzado

Este recogido es ideal para el segundo o tercer día después de lavarse el pelo, ya que las horquillas aguantarán mejor si el pelo tiene más textura y fijación. Antes de empezar el peinado, me ricé el pelo con unas tenacillas de 2,5 centímetros de diámetro (consulta las páginas 22-23).

1. Para empezar, despeina la raya del pelo con los dedos y carda el flequillo para darle altura y volumen.

2. Recoge las capas superiores del pelo en un tupé y aplícale laca. Para ver todas las instrucciones, consulta la página 20.

3. Separa dos mechones finos de los laterales, a ambos lados del tupé y justo debajo.

4. Retuerce los mechones sobre sí mismos y desliza una horquilla donde se cruzan. Utiliza los mechones para cubrir las horquillas que has usado para el tupé.

5. Separa dos nuevos mechones de los laterales. Retuércelos sobre sí mismos y fíjalos con horquillas. Para que se vean los mechones cruzados, debes fijar los mechones más atrás y cada vez más separados del centro de la cabeza que el mechón que hayas fijado con anterioridad.

6. Carda el pelo que te ha quedado suelto para darle flexibilidad y volumen al peinado.

Retorcido francés cruzado

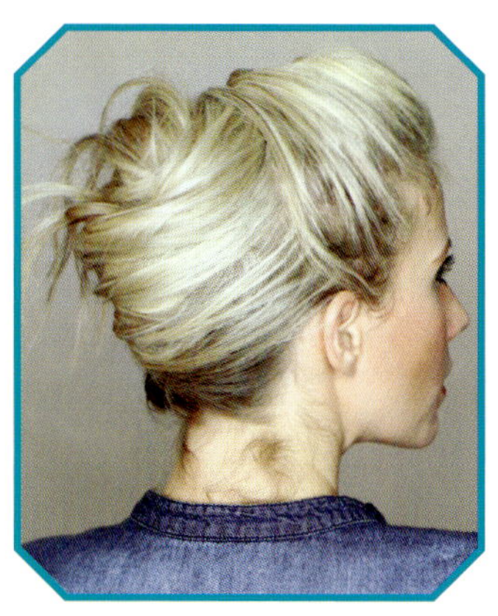

1. Sigue las instrucciones de las páginas 88-89 para lograr un semirrecogido cruzado.

2. Recógete el pelo como si fueras a hacerte una cola de caballo.

3. Retuerce la base de la cola de caballo en dirección a la cara.

4. Sujeta el retorcido con fuerza y colócalo en ángulo vertical.

5. Fija el retorcido con horquillas a la parte de atrás de la cabeza. Debes sujetar un poco de pelo del retorcido con la punta de la horquilla y después deslizarla para que el retorcido se agarre al pelo de la parte posterior de la cabeza. Retuerce y fija el cabello hasta que llegues a la coronilla.

6. Puedes sujetar algunas de las puntas del pelo que sobresalgan. ¡Sé creativa! A mí me encanta cómo queda el clásico retorcido francés con el toque moderno que le aportan las puntas despeinadas.

Moños

¡Los moños son lo último esta temporada! Son muy versátiles, ya que pueden ser elegantes, para una ocasión especial, o casuales, para ir a comprar. En este apartado os voy a enseñar algunos de mis moños favoritos, ya sean trenzados, con diademas o bohemios. ¡Espero que te inspiren a ser más creativa a la hora de recogerte el pelo! No olvides compartir tus preciosos recogidos con @twistmepretty o con el *hashtag* #ellibrodelastrenzas.

Moño despeinado

Con peinados tan casuales como este suele ocurrir que muchas veces nos salen a la primera y nos encanta cómo nos han quedado, ¡y otras veces no! Así que, si ves que no te queda la forma que deseas, deshazlo y empieza de nuevo.

1. Carda las raíces y después cepilla los enredos que se vean desde la parte de fuera. Recógete el pelo en una coleta baja de lado e introdúcelo en una goma elástica, pero sin girarla.

2. Gira la goma elástica.

3. Pasa el pelo por la goma como si fueras a hacerte una cola de caballo.

4. En lugar de pasar todo el pelo por la goma, pasa los dedos por debajo del pelo.

5. Estira los dedos y sujeta el moño pequeño que se ha formado al introducir parte del pelo en la goma.

6-7. Cuando hayas cogido el moño con esa mano, termina de rotar la goma pasándola por encima de la mano y por encima del moño.

8. Para entonces, deberías tener un moño pequeño.

9. Solo con dos horquillas, el moño que hemos hecho en el paso anterior se transforma en otro totalmente distinto. Lo que tenemos que hacer es coger un pequeño mechón del moño, tirar de él y sujetarlo a la parte posterior de la cabeza con horquillas. Experimenta con el moño hasta que consigas la forma deseada y sujétalo con horquillas para que no se deshaga.

Truco

¡Los moños despeinados son fabulosos! Si algún día tienes el pelo fatal, los rizos deshechos, o si has dado muchas vueltas durmiendo y te has levantado con el pelo muy despeinado, este moño te irá perfecto. Te ayuda a esconder los mechones enmarañados y hace que el pelo despeinado parezca intencionado. Me encanta la forma que tienen y me gusta llevarlos sobre todo bajos y de lado.

1
2
3
4
5
6
7
8
9

Tres moños en uno

Aunque parezca muy complejo, este recogido es muy fácil de hacer. Te prometo que si te haces este moño todo el mundo te elogiará y te preguntará cómo lo has hecho. Es el peinado indicado para cuando madrugas o cuando tienes el pelo sucio. Para poder hacerlo, tienes que saber hacer un moño despeinado (consulta las páginas 92-93), ya que este peinado no es otra cosa que tres moños despeinados que parecen uno.

1. Divide el pelo en tres secciones iguales. Debes sujetar una sección y pasar las otras dos por encima del hombro para que no te molesten.

2. Haz un moño despeinado en la sección que has separado.

3. Separa la sección del centro y haz otro moño despeinado.

4. Separa la tercera sección y hazte otro moño despeinado con ella.

5. Para que los tres moños despeinados parezcan uno solo, deberás tapar los huecos juntando los mechones y sujetándolos con horquillas hasta obtener la forma deseada.

Moño de trenza francesa

1. Hazte la raya a un lado y comienza una trenza francesa hasta que llegues a la altura de la oreja. Recuerda que en una trenza francesa básica, las dos secciones exteriores se trenzan por encima de la sección del centro.

2. Cuando llegues a la oreja, termina como si se tratara de una trenza de tres cabos y ciérrala con una goma elástica transparente.

3. Puedes estirar de los mechones donde termina la trenza francesa. Este paso le dará volumen y altura al pelo y, además, ¡hará que la trenza quede espectacular!

4. Recógete el pelo en un moño despeinado. Puedes encontrar un tutorial de este recogido en las páginas 92-93.

Tupé de trenza francesa

1. Separa las capas de arriba del pelo y haz una trenza francesa. Para saber dónde separar la sección, toma como referencia el arco exterior de las cejas.

2. Sujeta la trenza con dos horquillas cruzadas en horizontal para que no se deshaga.

3. Recoge el resto del pelo en una cola de caballo alta.

4. Dale volumen a la coleta con un cepillo de cardado.

5-6. Recoge el pelo introduciendo las puntas en la goma elástica de manera desordenada y sobre la marcha. Puedes dejar fuera de la goma algunas de las puntas, como he hecho yo, ¡o puedes recogerlo todo y hacer un moño bonito y apretado!

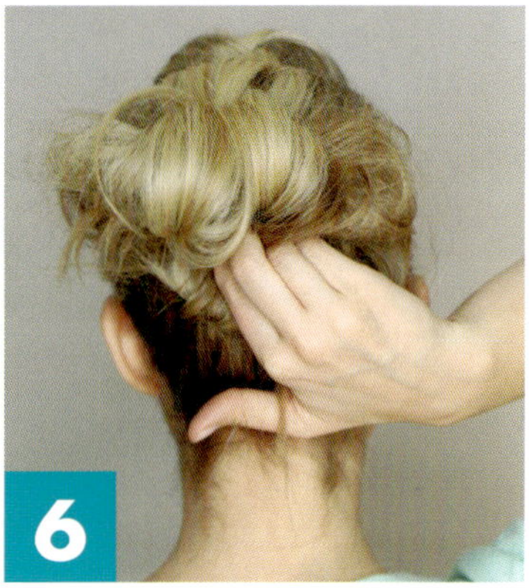

Moño de bailarina

Para este peinado necesitarás un relleno para moños y saber hacer una trenza holandesa añadiendo cabello solo por un lado. Si no tienes un relleno para moños, puedes cortar el extremo de un calcetín largo y enrollarlo, ¡y listo! Muy bien, ¿empezamos?

1. Esto es un relleno para moños: ¡parece un donut! Yo he usado uno de color marrón oscuro para que puedas verlo bien. No obstante, cuando vayas a comprar uno, procura que coincida con tu color de pelo.

2. Recógete el pelo en una cola de caballo alta e introduce la coleta por el agujero del relleno hasta que llegues a la base.

3. Coloca el pelo encima del relleno para moños.

4. Rodea el donut con una goma elástica fina: esto apartará el pelo y te dará vía libre para trenzar.

5. Separa una sección de pelo justo delante del moño y divídela en tres mechones.

6. A continuación, debes trenzar primero el mechón que está más cerca de la cabeza (el mechón inferior) por debajo del mechón del centro y después el mechón que está más cerca del moño (el mechón superior) por debajo del mechón del centro.

7. Añade un nuevo mechón de pelo a la sección inferior, trénzala por debajo de la sección del medio y trenza la sección superior por debajo de la del centro sin añadirle nuevos mechones.

8. Sigue trenzando el pelo alrededor del moño. Cuando llegues a la altura que se muestra en la foto deberás cambiar la posición de los brazos y terminar la trenza desde delante y hacia arriba.

9. Una vez hayas añadido todo el pelo, termina con una trenza de tres cabos y ciérrala con una goma elástica transparente.

10. Coloca la mano no dominante encima del moño y retira la goma elástica fina con la otra. Solo tienes que pasar la goma elástica del moño a la muñeca.

11. Este paso es opcional: si quieres que la trenza quede más ancha, puedes estirar y abrir los mechones para darle volumen.

12. Para terminar, enrollaremos la trenza alrededor del moño hasta donde llegue el pelo e introduciremos las puntas en la goma elástica que sujeta la cola de caballo. Completa el peinado con un espray antiencrespamiento. Si tienes pelos sueltos en la nuca, puedes peinarlos en dirección al resto del pelo y sujetarlos con horquillas. Puedes dejarte el flequillo suelto. Si lo llevas recto, ¡déjatelo suelto! ¡Queda muy bonito!

Truco

Hagamos un repaso rápido: para hacer una trenza holandesa, debes trenzar las secciones exteriores por debajo de la sección del centro, en lugar de por encima como se haría en una trenza francesa. Si quieres que la trenza sea unilateral, solo tienes que añadir nuevos mechones de pelo a uno de los mechones laterales en lugar de a ambos.

Debes estirar bien de los mechones y mantener la trenza lo más cerca posible del moño. No hay nada peor que seguir las instrucciones y que, al llegar al final del peinado, la trenza haya quedado suelta, ya que tendrás que empezar de nuevo. Así que estira de los mechones y trenza siempre al lado de la base del moño.

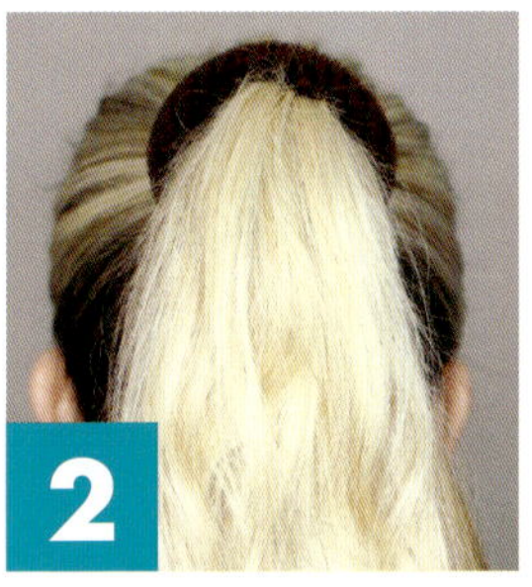

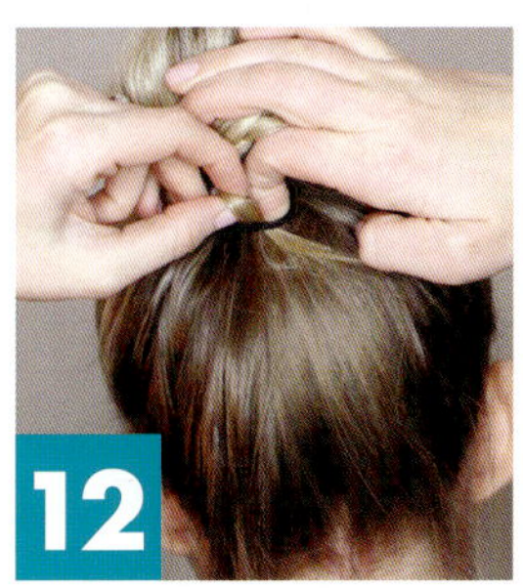

Moño de trenza de cuerda

1. Haz una trenza holandesa centrada hasta que llegues a la mitad de la cabeza y ciérrala con una goma elástica transparente.

2. Divide el resto del pelo en dos secciones. Sujeta una de las secciones con una pinza (en la foto verás que lo hago con una pinza lila). Divide la otra sección en dos mechones iguales y retuércelos hacia el mismo lado. No importa hacia qué lado lo hagas, pero recuerda que ambos deben retorcerse en la misma dirección.

3. Retuerce las dos secciones entre sí, en dirección contraria al lado hacia el que las habías retorcido en el paso número dos, para crear una trenza de cuerda y ciérrala con una goma elástica transparente.

4. Sujeta la trenza de cuerda con horquillas justo encima de la nuca. En este paso es en el que decidirás qué forma quieres que tenga el moño y cómo quieres que quede.

5. Repite los pasos del 2 al 4 en el otro lado. Es muy importante que juntes las dos trenzas cuando hagas el moño con la segunda.

Peinados anudados

Los anudados son una forma divertida y coqueta de darle textura y añadir detalles a un peinado. Todo aquel que vea el peinado se quedará impresionado con tus complejas creaciones. Son mucho más fáciles de hacer de lo que parece, ¡pero será nuestro pequeño secreto! Antes de empezar un peinado con anudados, humedécete el pelo con agua o échate un poco de gel fijador o pomada en los dedos para mantener a raya el encrespamiento y la electricidad estática.

Comienza este peinado con rizos de tenacillas deshechos.

1. Separa una sección de unos 5 centímetros desde el nacimiento del pelo y divídela en dos mechones.

2. Haz un nudo con los dos mechones: cruza el mechón superior por encima y después pasa el inferior por encima y a través del agujero.

3. Añade un mechón de pelo a cada lado del nudo.

4. Anuda los dos mechones. Cruza el mechón superior por encima del otro y después pasa el inferior por encima y por el agujero.

5. Repite los pasos 3-4 hasta que tengas varios nudos.

6. Inserta una horquilla en el último nudo de forma horizontal. Utiliza una horquilla a cada lado del último nudo, el pelo debería cubrirlas fácilmente.

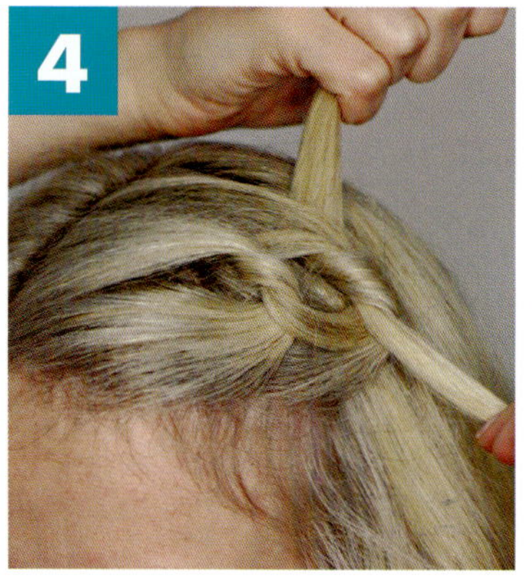

¿A qué mujer no le gustan los lazos? ¡A mí este peinado me encanta!

1-2. Recógete el pelo en un moño con la ayuda de un cepillo. Deja unos 8 o 10 centímetros de los extremos del pelo sueltos al pasarlo por última vez por la goma elástica.

3. Divide el moño por la mitad.

4. Sujeta uno de los lados del moño a la parte de atrás de la cabeza con una pinza de metal.

5. Para este peinado vas a necesitar horquillas grandes.

6. Sujeta el moño a la cabeza deslizando las horquillas en vertical. Haz lo mismo en el otro lado.

7. Levanta los extremos que no habías añadido al moño.

8. Sujeta los extremos cerca de la base del moño. Para completar el peinado, utiliza un espray contra el apelmazamiento y deja sueltos algunos mechones del flequillo.

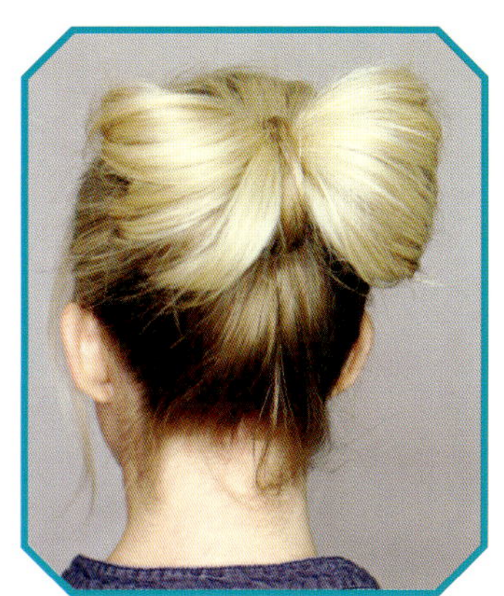

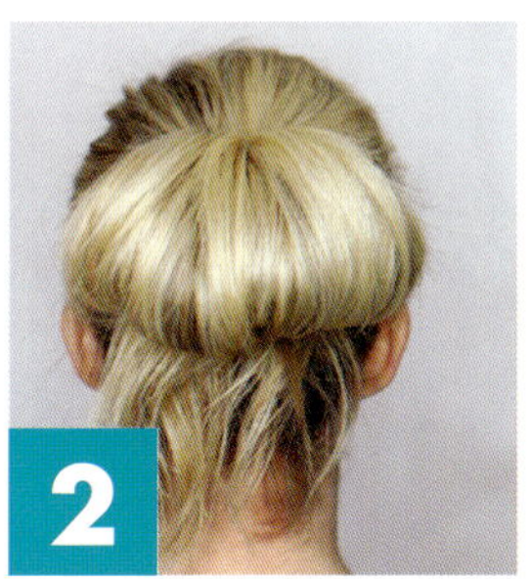

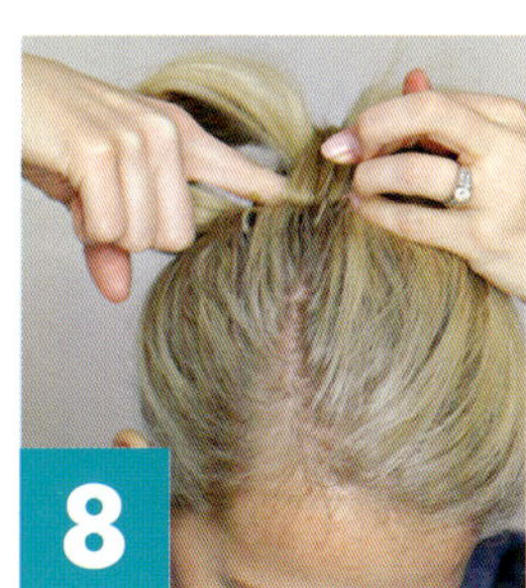

Recogido anudado

1. Separa dos secciones de pelo a unos centímetros de la parte delantera.

2. Forma un nudo con ambas secciones debajo de la coronilla. Es muy importante que anudes el cabello de la siguiente manera: cruza los dos mechones y pasa el que queda arriba por detrás del otro y a través del agujero.

3. Únelos y sujétalos con una mano. El mechón que formes será uno de los que usaremos para el siguiente nudo.

4. Con la otra mano, separa otra sección de pelo.

5. Haz un nudo con los dos mechones, el que acabas de separar y el que has conseguido después de juntar los otros dos. Recuerda pasar el que queda arriba por detrás del otro y a través del agujero.

6. Añade un pequeño mechón de pelo a ambas secciones.

7. Únelos y separa una sección de pelo desde el otro lado para hacer otro nudo. Repite estos pasos hasta que llegues a la nuca.

8. Anuda ambas secciones sin añadir mechones nuevos y átalos con una goma elástica transparente.

9. Enrolla la trenza hacia arriba y colócala en el hueco que hay entre la nuca y el recogido anudado. Si notas que está suelta, utiliza una horquilla para sujetarla.

Nudo celta

Este es el peinado más difícil del libro, ¡pero no dejes que eso te desanime! Una vez lo entiendas, los pasos se te quedarán grabados en la memoria y se convertirá en uno de tus peinados favoritos. ¡Los cumplidos que recibirás gracias a este recogido harán que quieras hacértelo una y otra vez!

1. Separa una sección de pelo del lado izquierdo y sujétala detrás de la cabeza.

2. Enrolla esa sección alrededor de dos dedos de la mano izquierda.

3. Sigue enrollándolo hasta que formes un bucle. Saca los dedos del bucle y sujétalo con la mano izquierda. Fíjate bien en cómo lo sujeto, es muy importante que pongas los dedos en la misma posición que los míos.

4. Sin soltar el bucle, debes separar con la otra mano otra sección desde el nacimiento del pelo en el lado derecho.

5. Pasa el mechón por detrás de la cabeza y sujétalo entre el meñique y el anular de la mano izquierda. A este mechón lo llamaremos Sección A. Tendrás que sujetarlo firmemente, ya que el siguiente paso podría aflojarlo.

6. Con la mano derecha, pasa los dedos por detrás del mechón inicial y tira de la Sección A hacia arriba.

7. Cuando hayas pasado la sección por debajo de la otra, sujeta el bucle con una pinza de metal. De aquí en adelante, anudaremos la Sección A. Si has llegado hasta aquí, has superado los pasos más complicados.

8. Pasa la Sección A por encima del bucle y después a través del agujero.

9. A continuación, pásala por debajo del mechón lateral del principio.

10. Después, vuelve a introducir el mechón por el bucle. Debes introducirlo por la parte de detrás del bucle y sacarlo por delante.

11. Quita la pinza y estira de los extremos de los mechones.

12. Para terminar, deberás retocar el anudado, mover algunos mechones, abrirlos y apretar otros. Si lo consideras necesario, puedes sujetar el nudo por detrás con horquillas para que no se deshaga.

Truco

Antes de comenzar, apréndete la forma del nudo celta y asegúrate de tener un
segundo espejo a mano. Es muy útil tener un espejo en el que puedas verte la parte
posterior de la cabeza sin tener que interrumpir uno de los pasos para coger otro.
Yo he colgado un espejo en una de las puertas del armario del baño y, cuando
la abro, me veo la parte de detrás de la cabeza a través del espejo del tocador.
Poder ver el tutorial en el espejo paso a paso y dónde está cada mechón
te será de gran ayuda.
Comencé el peinado con rizos hechos con tenacillas de 2,5 centímetros
de diámetro (consulta las páginas 22-23).

Semirrecogido con lazo

Empecé el peinado con rizos hechos con tenacillas (consultar páginas 22-23). Si quieres apartarte el pelo de la cara, pero a la vez quieres llevar algo coqueto y divertido, este es el peinado indicado.

1. Separa las capas de pelo de encima de las orejas y recógelas en un moño sencillo. Acuérdate de dejar fuera del moño los extremos de los mechones, ya que los necesitaremos para completar el peinado.

2. Divide el moño en dos partes.

3. Utiliza una pinza de metal para sujetar una de las partes.

4. Desliza una horquilla por dentro del lazo para fijarlo al resto del pelo. Extrae la pinza del otro lado y repite el proceso.

5. Separa la mitad de las puntas que habías dejado sueltas.

6. Con la otra mano, pásalas por el centro del lazo.

7. Sujétalas con horquillas y repite el mismo proceso con la otra mitad del lazo en el otro lado.

Peinados retorcidos

Los retorcidos son maravillosos: puedes crear formas bonitas y elegantes con ellos y pueden abrirse con facilidad para dar textura a cualquier peinado. Hay infinitas posibilidades, ¡a mí me encanta experimentar con los distintos tipos de retorcidos! Si sabes hacer las trenzas y retorcidos más sencillos, puedes hacerte cualquier cosa en el pelo. Puedes hacerte una trenza y añadirle un retorcido… ¡y otro! Combinando varios estilos conseguirás crear peinados fantásticos y únicos. Si inventas un peinado nuevo con retorcidos, ¡enséñamelo en @twistmepretty o usando el *hashtag* #ellibrodelastrenzas!

Halo retorcido

Este peinado se parece mucho al retorcido bohemio, aunque es algo distinto. Lo que harás será retorcer las secciones del lado hacia el que te caiga el pelo al hacerte la raya al lado, pero, en lugar de retorcerlas en dirección contraria a la cara, lo harás en dirección a la cara y añadirás pelo solo a los retorcidos de la parte de arriba.

1. Hazte la raya al lado y márcala bien. Yo uso el arco exterior de una de las cejas como referencia. Separa una sección de 2,5 centímetros y divídela en dos mechones iguales.

2. Retuerce el mechón de detrás hacia adelante y por encima del otro.

3. Sujeta ambos mechones con la mano que te quede más atrás. Debes sujetar el mechón de delante con los dedos índice y pulgar y el de detrás con el meñique y el anular. Con la mano libre, añade un nuevo mechón de pelo al mechón de detrás, el que sujetas con el meñique y el anular.

4. Retuerce los mechones entre sí, en dirección a la cara.

5. Sigue retorciendo los mechones y añadiendo pelo al mechón superior hasta que el retorcido quede unos centímetros por detrás de la sien. Después, sigue retorciendo hasta el final del mechón.

6. Con cuidado, coloca el retorcido alrededor de la cabeza y sujétalo con una pinza de metal.

7. Separa una sección desde el nacimiento del pelo al otro lado de la raya y divídela en dos mechones. Retuerce el mechón de debajo por encima del de arriba. Añade pelo a ambos mechones y vuelve a retorcer. Después, continúa con un retorcido normal de dos cabos (es decir, sin añadir mechones a ninguno de los dos) hasta que llegues al final del pelo.

8. Coloca el retorcido alrededor de la cabeza y ciérralo

con una goma elástica transparente.

9. Enrolla el retorcido alrededor del primero hasta que enrolles todo el mechón y sujétalo detrás del primer retorcido con una horquilla.

10. Extrae la pinza de metal y sujeta el pelo detrás del segundo retorcido con una horquilla. Si lo consideras necesario, puedes abrir el retorcido para que parezca más ancho y voluminoso.

Retorcido en cascada

Empieza el peinado con rizos hechos con tenacillas de 2,5 centímetros de diámetro (consulta las páginas 22-23).

1. Separa una sección triangular desde el nacimiento del cabello y divídela en dos mechones. Sujeta ambos mechones con la mano que te quede más cerca.

2. Con la otra mano, separa un nuevo mechón desde la raya del pelo, justo detrás de los otros dos. Los tres deben tener el mismo tamaño.

3. Deja caer el mechón nuevo entre los dos primeros.

4. Toma los dos primeros mechones y retuércelos, cruzando el inferior por encima del superior. Para que los mechones en cascada queden apretados, tira de ellos con firmeza.

5. Separa otro mechón de pelo desde la raya y déjalo caer entre los dos primeros mechones. Vuelve a retorcerlos.

6. Repite los pasos 2-5 y enrolla el retorcido alrededor de la coronilla hasta donde te llegue el pelo. Sujétalo fijando horquillas entre los retorcidos.

Las secciones de delante de mi pelo no son tan largas como las de detrás, y puesto que estoy retorciendo dos mechones de las capas de delante hacia atrás, he llegado hasta donde me ha alcanzado el pelo. Si a ti todavía te da el pelo, ¡sigue retorciendo! Quedaría muy bonito que retorcieras hasta llegar de nuevo a los mechones de delante y después terminaras el peinado dejando caer el retorcido, como en la trenza en cascada de las páginas 42-43.

Flor en cascada

Decidí incluir este peinado en el libro primero porque es muy bonito y segundo porque es un gran ejemplo de lo fácil que es combinar las trenzas con los retorcidos. Comencé el peinado rizándome el pelo con unas tenacillas de 2,5 centímetros de diámetro. Lo que haremos será un retorcido en cascada, así que si necesitas repasar los pasos básicos consulta las páginas 112-113.

1. Separa una sección triangular cerca de la raya del pelo y divídela en dos mechones.

2. Sujeta ambos mechones con la mano más cercana y separa otro mechón del mismo tamaño con la otra mano.

3. Deja caer este último mechón entre los dos primeros y retuércelos.

4. Sigue retorciéndolos hasta que llegues a unos 8 o 10 centímetros detrás de la sien.

Sujeta el pelo deslizando horquillas en los retorcidos.

5. Repite los pasos 1-4 en el otro lado hasta que llegues a la altura del primer retorcido.

6. Separa un mechón desde el nacimiento del pelo y haz una trenza de tres cabos normal y corriente.

7. Sujeta la trenza en el punto en que se une con los retorcidos con una goma elástica transparente.

8. A continuación, separa un trozo de pelo de la parte en la que coinciden los retorcidos y las trenzas y haz otra trenza de tres cabos hasta que llegues al final del pelo.

9. Enrolla la trenza.

10. Sujeta la trenza con horquillas y, ¡habrás formado una bonita flor!

Truco

Inicié este peinado con una trenza en cascada y, como no me quedó exactamente como quería, hice también una trenza de tres cabos normal y la convertí en una florecita. Ve probando cosas con el pelo, ¡inventa nuevos peinados! Si has estado un rato trenzando el pelo y no te gusta el resultado, no lo deshagas. Añádele cosas nuevas, modifica la forma y… ¡sé creativa!

Cola con retorcido bohemio

Este peinado utiliza la técnica del retorcido bohemio. Si tienes que repasar el peinado, puedes encontrarlo en las páginas 32-33.

1. Separa una pequeña sección de pelo desde la raya y divídela en dos mechones.

2. Cruza el mechón de debajo por encima del de arriba.

3. Añade un nuevo mechón al mechón de arriba, como harías si se tratara de una trenza francesa, y añádele pelo a la sección de abajo. Vuelve a cruzar ambas secciones.

4. Continúa el retorcido hasta el centro de la cabeza y sujétalo con una pinza de metal.

5. Divide una sección en dos mechones en el otro lado y repite los pasos 1-5.

6. Retuércelos.

7. Añade pelo a los dos mechones.

8. Vuelve a retorcer.

9. Sigue retorciendo hasta que llegues al centro de la cabeza.

10. Cuando llegues al punto en el que se cruzan los dos retorcidos, extrae la pinza de metal del final del primer retorcido y recoge el pelo en una coleta baja con una goma elástica transparente.

Truco

Cuando termino, me sirve de gran ayuda deslizar el mango de un cepillo de cardar a unos centímetros de las raíces y levantar el pelo ligeramente para darle más volumen al peinado y pulirlo.

Semirrecogido retorcido

Empieza el peinado tras haber cardado las raíces y rizado el pelo con unas tenacillas de 2,5 centímetros de diámetro (consulta las páginas 22-23).

1. Separa una sección lateral desde el nacimiento del cabello y retuércela hacia el lado contrario a la cara, aunque puedes hacerlo en ambas direcciones.

2. Para abrir y darle volumen al retorcido, sujétalo con fuerza del extremo con una mano y separa las zonas del retorcido que quieras que tengan más volumen con la otra.

3. Desliza una horquilla en horizontal.

4. Repite los pasos 1-2 en el otro lado. Coloca el retorcido nuevo justo encima del primero.

5. Desliza el retorcido de arriba por detrás del primero y sujétalo con una o dos horquillas.

Topsy Tails

Vaya, vaya, ¿qué tenemos aquí? ¿Te acuerdas de las coletas invertidas que llevabas cuando eras pequeña? Pues han vuelto, así que voy a enseñarte a darles un toque moderno. Puedes hacerte peinados increíbles con una aguja Topsy Tail, así que debes tener muy claro qué es y cómo hacer una.

Coleta invertida sencilla

En este tutorial te enseño a hacer una coleta invertida sin utilizar el utensilio Topsy Tail. Puedes usar esta técnica en cualquiera de los peinados de este apartado.

1. Recógete el pelo en una coleta baja y lateral.

2. Desliza la goma elástica transparente unos centímetros. Divide el pelo con los dedos y crea un agujero justo encima de la goma elástica.

3. A continuación, levanta la coleta e introdúcela por el agujero. Para que quede bonita, tendrás que dividir la coleta en dos mechones y estirar de ellos para volver a subir la goma elástica y apretar la coleta invertida.

En lugar de hacer la coleta invertida manualmente, puedes comprar una aguja Topsy Tail. Son muy fáciles de usar y son muy baratas. Sin duda, ¡yo me compraría una!

Falsa trenza de espiga invertida

Debes empezar con una coleta invertida de lado y hacer una serie de coletas invertidas. ¡Este peinado es tan fácil que hasta los padres podrán hacerlo!

1. Ata una goma elástica transparente unos centímetros por debajo de la primera coleta invertida.

2. Introduce la aguja Topsy Tail en la coleta, justo encima de la goma elástica. Pasa la cola de caballo por el agujero del utensilio y después tira de él hacia abajo. Esto invertirá la coleta y le dará un aspecto muy bonito.

3. Puede que debas subir la goma elástica para que el peinado tenga la forma deseada. Para hacerlo, puedes dividir la coleta en dos mechones y estirar de ellos.

4. Añade coletas invertidas por todo el pelo. Para que la trenza de espiga se vea más voluminosa, coge algunos mechones y estira de ellos. ¡Incluso en una coleta invertida puedes conseguir más volumen!

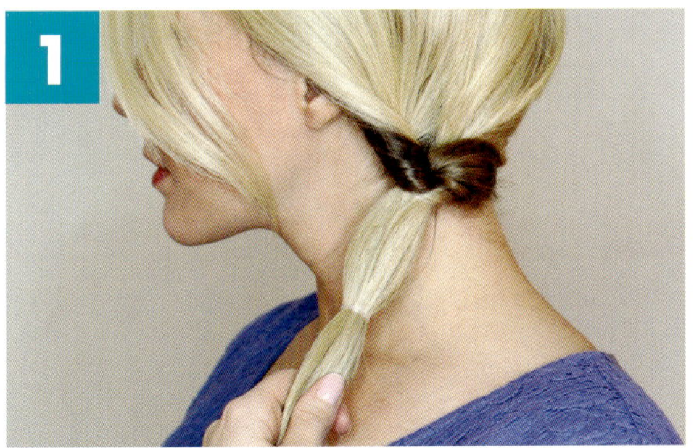

Trenza holandesa invertida

Este peinado funciona muy bien al tercer o cuarto día de lavarse el pelo, especialmente cuando te quedan ondas sueltas de haberte rizado el pelo.

1-2. Separa las capas delanteras del pelo y recoge el resto en una coleta lateral baja. A continuación, deberás hacer una coleta invertida. Si no tienes la aguja Topsy Tail, puedes hacer un agujero con los dedos justo encima de la goma elástica y pasar la cola de caballo por él.

3. Haz una trenza holandesa con la sección de pelo que habías separado. Puedes trenzar toda la sección o dejar el flequillo suelto.

4. Trenza todo el pelo y átalo con una goma elástica transparente.

5. Dale volumen a la trenza estirando de los mechones.

6. Pasa un dedo por el agujero que has creado al invertir la trenza e introduce la trenza holandesa. Carda la coleta y completa el peinado con laca.

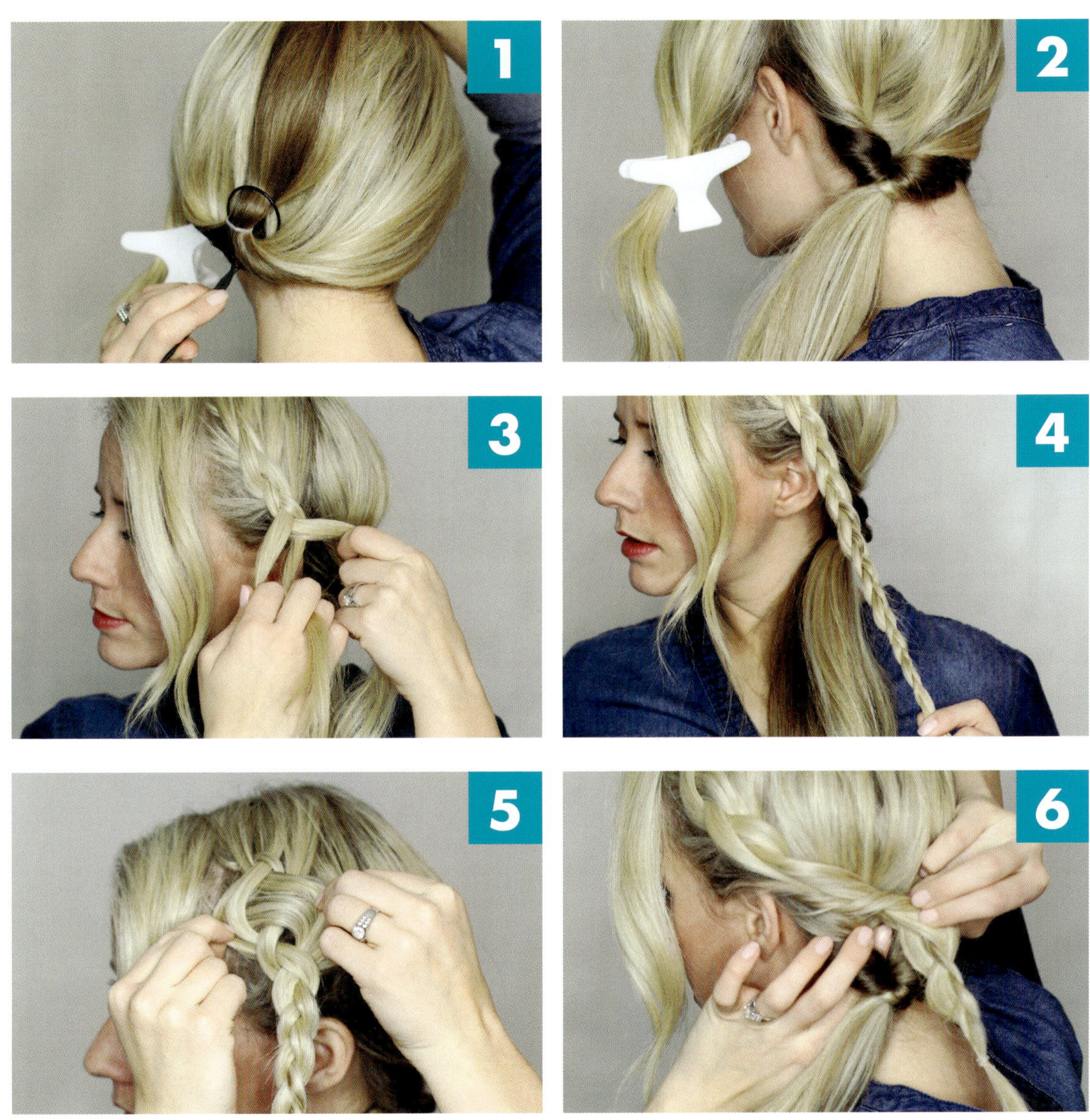

Moño *chignon* invertido

1-2. Recógete el pelo en una cola de caballo lateral e inviértela.

3. Pasa los dedos por el agujero y tira de los extremos del cabello para introducirlos por el agujero.

4. Si tienes el pelo largo y las puntas todavía te quedan sueltas, repite el tercer paso. Vuelve a introducir el pelo por el agujero y tira de él por debajo con el índice para esconder las puntas. Utiliza un espray de acabado en la dirección en la que has introducido el pelo.

5. Introduce una horquilla grande que recorra el moño de un lado al otro. Esto permitirá que el peinado aguante y, además, elevará el moño.

❧ Coletas invertidas ❧

Esta coleta es muy divertida, ¡y para hacerla solo necesitas seguir unos pasos más que en la coleta sencilla! Empieza el peinado rizándote el pelo con unas tenacillas de 2,5 centímetros (consulta las páginas 22-23) y cardándote las raíces.

1. Separa un mechón pequeño desde el lateral y sujétalo con una goma elástica transparente.

2. Crea una coleta invertida con el mechón que has separado: puedes usar una aguja Topsy Tail o puedes hacer un agujero justo encima de la goma elástica…

3. … y pasar la coleta a través de dicho agujero. Es muy importante que dirijas todas las coletas invertidas hacia el lugar en que quieras que quede la coleta final.

4. Separa otra sección desde la parte de detrás de la cabeza y crea otra coleta invertida.

5. Separa una tercera y última sección desde el lado contrario de la cabeza y haz otra coleta invertida. Recoge el resto del pelo en una coleta baja de lado con una goma elástica transparente.

Truco

No hace falta que hagas las coletas invertidas muy apretadas, de hecho, quedarán mucho más bonitas si tienen más volumen y quedan más sueltas.

Coleta enrollada

Seguro que alguna vez has enrollado un mechón pequeño de pelo alrededor de una cola de caballo. Lo más probable es que intentaras sujetar el mechón con una horquilla y que, horas más tarde, estuviera suelto y la horquilla hubiera desaparecido. No te preocupes: ¡yo me encargo!

1. Recógete el pelo en una cola de caballo y enróllala alrededor de unas tenacillas de unos 3 centímetros de diámetro.

2. Desliza las tenacillas con cuidado y enrolla rápidamente el pelo alrededor de los dedos, en la misma dirección en la que lo habías enrollado en las tenacillas.

3. Sujeta el pelo y presiónalo entre ambas manos. Esto le dará forma al rizo y a la cola de caballo. Cuando el rizo se haya enfriado, suéltalo. Carda la coleta y aprieta los rizos con la mano mientras te aplicas un espray de acabado.

4. Separa un pequeño mechón de pelo de debajo de la cola de caballo y enróllalo donde empieza la coleta una sola vez.

5. Introduce una aguja Topsy Tail justo encima de la goma elástica transparente e introduce el mechón de pelo que estabas enrollando por la abertura del utensilio.

6. Estira del utensilio Topsy Tail para que el mechón que has enrollado salga por debajo de la coleta. Vuelve a enrollar el mechón alrededor de la base de la coleta y pásalo por la abertura de la aguja hasta que hayas pasado todo el mechón. Mediante esta técnica sujetarás el mechón de pelo sin tener que usar horquillas y el peinado quedará espontáneo y natural.

Moño despeinado invertido

1. Recógete el pelo en una coleta lateral invertida. Puedes encontrar el tutorial en la página 120.

2. Hazte un moño despeinado justo debajo de la coleta invertida con otra goma elástica y siguiendo los pasos de las páginas 92-93.

Moño alto invertido

1. Comienza el peinado recogiéndote el pelo en una cola de caballo alta. A continuación, pasa los dedos por delante de la goma para crear una coleta invertida.

2. Coge la cola de caballo.

3. Y tira de ella hacia arriba.

4. Sujeta la coleta, carda el pelo con un cepillo de cardado y deshaz con los dedos los enredos que hayan podido formarse.

5. Coge las puntas de la coleta e introdúcelas por el agujero de la coleta invertida. Si tienes que sujetarlo, fija el pelo con dos horquillas grandes a cada lado del moño. Completa el peinado soltando el flequillo y aplicándote laca en el pelo.

Índice onomástico

Sobre la autora

Abby Smith está felizmente casada y es madre de cuatro hijos. Vive con su familia en Orem, Utah. Sus ganas de ser madre y ama de casa, además de su pasión por la belleza y por llevar un blog, la llevaron a crear la popular página web Twist Me Pretty.

Abby también ha publicado *The Ultimate Hairstyle Handbook*, es experta en belleza en la página de Disney Babble.com y pretende inspirar a mujeres de todas las edades a que se sientan guapas y seguras de sí mismas. Si quieres ver tutoriales de otros peinados además de los que aparecen en este libro, visita su canal de YouTube: @twistmepretty.